U0619354

本书出版受国家社会科学基金项目"全球产业链重构下科技金融支持关键核心技术突破研究"（24BJL110）资助

浙商高质量发展系列丛书

创新发展的浙商实践

黄英　吴东　主编

ZHEJIANG UNIVERSITY PRESS
浙江大学出版社
·杭州·

图书在版编目(CIP)数据

创新发展的浙商实践 / 黄英,吴东主编. -- 杭州:
浙江大学出版社,2024. 12. --(浙商高质量发展系列丛
书). -- ISBN 978-7-308-24977-5

Ⅰ. F279.275.5

中国国家版本馆 CIP 数据核字第 2025N9X868 号

创新发展的浙商实践

黄 英 吴 东 主编

策划编辑	吴伟伟
责任编辑	陈思佳(chensijia_ruc@163.com)
责任校对	宁 檬
封面设计	周 灵
出版发行	浙江大学出版社
	(杭州市天目山路 148 号 邮政编码 310007)
	(网址:http://www.zjupress.com)
排 版	大千时代(杭州)文化传媒有限公司
印 刷	杭州捷派印务有限公司
开 本	710mm×1000mm 1/16
印 张	16
字 数	210 千
版 印 次	2024 年 12 月第 1 版 2024 年 12 月第 1 次印刷
书 号	ISBN 978-7-308-24977-5
定 价	88.00 元

浙商——时代浪潮中的商业传奇

在漫漫的历史长河中,改革开放无疑是中华民族一个光辉的起点,从此以后我国便踏上了波澜壮阔、历经 40 余载的变革征途,展现出多元共存、竞相发展的繁荣景象,以惊人的速度跃升为全球第二大经济体。我国在人工智能、大数据、云计算、新能源等前沿领域取得了举世瞩目的成就,不仅重塑了经济格局,更带动了金融、交通、通信及信息化建设等领域的深刻变革。

勇立潮头

在国家昂首挺胸、阔步向前的发展大势下,浙江紧跟国家发展步伐,与国家同呼吸、共命运,走在全国发展的前列。在国家政策指导下,浙江凭借其独特的地理位置、丰富的文化底蕴、勇于探索的创新精神和灵活的经济发展智慧,实现了从东海之滨的"资源小省"到我国经济版图上不可或缺且举足轻重的"经济大省"的华丽蜕变,开启了经济腾飞的辉煌篇章。

浙商作为浙江经济发展中的重要力量,一马当先,高举改革旗帜,彰显责任担当,为浙江乃至我国经济的发展做出了重要贡献。这一充满创新活力、敢为天下先、敢于闯天下的群体,不惧时代浪潮,干在实处、走在前列,带动浙江经济迈上了一个又一个台阶。

自改革开放的春风吹拂大地,浙江的民营经济便蓬勃发展起来。浙商坚持生产优质产品,推动自主创新、管理创新和商业模式创新。一方面,浙商立足国内外市场,从精密的机械零部件到高端的电子产品,从时尚的纺织服装到实用的家用电器,致力于将优质产品推向世界的每一处角落。另一方面,浙商还依托国家相关政策支持,在晶体生长设备、光伏及半导体等高科技领域,以及特高压电网技术、空分设备制造等关键领域展现出强大的创新能力,凭借卓越的技术实力和严格的质量控制,为我国自立自强贡献"浙江力量"。

浙商还充分发挥浙江的地域文化和资源优势,大力发展特色农业和旅游业,构建起多元化、特色化的地方经济体系。从承载着深厚历史底蕴的安吉白茶、山下湖珍珠等特色农产品,到以西湖为代表、集自然风光与人文底蕴于一体的旅游胜地,形成了庞大的旅游产业链,促进了金融、教育、文化等多领域的繁荣,推动了社会经济的全面协调发展。

伴随着大数据、区块链、云计算等信息技术的兴起与应用,数字经济时代到来。浙江企业紧跟"数字浙江"战略部署,积极融入发展潮流,前瞻布局,实现数字化、智能化转型。值得一提的是,作为中国电商发展的领军省份,浙江的电商规模持续扩大,增长势头强劲,跨境电商更是成为其亮点之一。当前,浙江正全力加速跨境电商的高质量发展步伐,致力于构建更加开放、高效的国际贸易生态。在这过程中,浙商功不可没。浙江企业抓住直播电商这一新兴风口,构建起"直播+电商+供应链"的闭环生态,实现了资源的高效配置与价值的深度挖掘。

当然,浙商也深知"打铁还需自身硬"的道理。他们始终秉持质量至上、创新驱动的发展理念,在时代浪潮中保持初心,不断追求卓越——以过硬的产品质量为基础,持续进行理念创新、产品开发、品牌延伸;推动组织变革,实现企业迭代升级,保证企业发展活力;以科技创新为引领,实现从传统制造向智能制造的华丽转身。未来,浙商将以更加坚定的步伐,走在高质量发展的路上。在谱写浙江奋进序曲的同时,也为我国社会主义现代化建设贡献浙商力量。

发展之痛

浙商的故事,是我国改革开放伟大实践的一个鲜明而生动的缩影。浙商作为我国经济发展的参与者、实践者,在实现自身跨越式发展的同时,亦推动我国经济不断迈向新的征程。然而,任何事物的发展都不可能一帆风顺,浙商也面临着各种纷繁复杂的问题与挑战。

在当今全球化和数字化浪潮的推动下,全球经济格局重塑,技术革命加速,消费者行为转型,市场竞争加剧……面对这一系列外在环境的巨变,浙商企业的转型之路该如何破局?

在浙江这片繁荣之地,曾经乘着政策与市场的东风扶摇直上的传统行业,眼看这块喂养了无数浙江企业的“蛋糕”在消费需求多元化、行业竞争白热化、市场同质化严重的当下,被挤压得越来越小。浙商们该如何破局,在困境中寻找新的增长点,重振旗鼓?

在浙江这片充满活力、创新涌动的土地上,每一家企业,无论是主动选择还是被动适应,都已投身于波澜壮阔的创新大潮。然而,创新之路绝非坦途,浙江企业该如何为创新赋能,以创新驱动发展,实现突围?

企业内部亦在经历深刻的内在需求变化,员工结构的多元化、管理模式的创新需求以及组织文化的迭代更新等,都对浙江企业提出了更高要求。面对这些内在需求,企业是否应主动拥抱变革,以应对日益复杂的管理挑战?变革之路应如何铺就?如何智慧地化解变革过程中的种种管理难题,确保变革的顺利进行?

破局智慧

为更好地解答上述问题,我们精心策划并编写了《创新发展的浙商实践》《组织发展的浙商实践》《数字变革的浙商实践》,旨在以更广阔的视野、更深刻的洞察,勾勒出一代代浙商在商业世界中书写的传奇篇章,让读者深切感受浙江蓬勃发展的强劲脉搏,深刻理解浙江精神的独特魅力,透彻领悟浙商智慧的深邃内涵。我们希望通过翔实的数据、生动的案例、深刻的剖析,走进浙商的内心世界,揭示浙商成功的密码,深入探索那些隐藏于辉煌成就背后的逻辑思维、管理困惑以及心路历程,为读者呈现一个更加立体、全面且真实的浙商形象。

《创新发展的浙商实践》如同一部创新驱动成长的史诗,记录了浙商群体如何以创新驱动引领企业高质量发展。书中精选宋茗白茶的品牌创新之路、万向集团之创新全球化、山下湖珍珠产业的包容性创新等众多具有代表性的浙商创新创造案例,再现了浙江企业面对转型升级的困境,以敢于冒险、敢于革新、敢于打破传统的精神,破釜沉舟凿出新路,撸起袖子加油干的拼搏画卷。从探索解决复杂环境下的转型之困、发展之困,到与政府携手、与同业合作、与利益相关者联结,建立起共生共荣的"朋友圈",一路走来,浙江企业不仅完成了自身的华丽蜕变,还以海纳百川的包容精神,带动更多企业冲破束缚,成功突围,开辟出一条条独具特色的发展道路。

《组织发展的浙商实践》聚焦浙江企业的组织发展与变革之路。书中详细记录了多家浙江企业在遭遇组织发展瓶颈时,如何通过精准施策,实施组织变革,突破发展桎梏,还深入剖析了这些公司在变革过程中遭遇的种种阻力及其应对策略,力图为其他企业发展提供宝贵的实战经验。同时,该书还敏锐地将视角转向未来职场的主力军——新生代员工,提出了一系列创新且实用的管理策略。通过对新员工如何快速融入组织、如何平衡工作与生活,以及如何有效管理和激励明星员工等热点话题的剖析,该书揭示了人才流失的深层原因,为企业破解员工扎根难题,变"流才"为"留才"指明了方向。

《数字变革的浙商实践》集中展现了浙商勇立潮头、进取开拓、敢于革新的精神风貌。随着数字经济蓬勃发展,浙商群体再次走在时代前沿,亲身入局推动"数字浙江"建设。圣奥集团作为办公家具的龙头企业,积极推动财务中台数字化建设,成功实现流程高度自动化、数据采集精细化,降本增效成效非常突出,为其他企业构建财务中台提供了重要借鉴;钉钉找准了用户的痛点,坚持以人为本的数字化管理思想,从通用型平台走向个性化平台,试图为不同群体和组织提供"千人千面"的数字化操作系统,从而成为群体组织数字化道路上的助力者;佳芝丰服饰推出共富工坊,在产业互联网平台赋能共同富裕建设的探索道路上率先迈出坚实一步……从顺势而为走上数字化转型之路,到挖掘数据价值、打造数字生态、铸就新的发展态势,再到以数字平台为基、以数字赋能产业实现价值共创,浙商在时代浪潮下,敏锐捕捉数字经济带来的发展机遇,勇于拥抱新技术、新业态、新模式,用数字技术赋能传统产业、催生新兴业态、提升管理效能。我们希望,浙商的成功实践不仅为浙江企业的长远发展注入强劲动力,更为中国乃至全球的数字经济发展提供一定的经验与启示。

浙江大学管理学院的 20 多名教师和 30 多名学生,以厚实的理论功底、前沿的学术知识为基础,深入研究了浙江企业的一流创新发展实践经验,总结了丰富的颇具实践启示的经典案例,为凝练甚至开创扎根中国大地的企业经营管理理论奠定了基础,也更加坚定了服务国家创新驱动发展战略的责任感和使命感。

系列图书相互呼应、相辅相成,共同构成了浙商高质量发展的画卷,不仅是对浙商群体发展历程的忠实记录与深刻反思,更是对浙江乃至全国商业未来发展方向的积极探索与前瞻布局。我们期待通过一系列图书,让广大读者更加深入地理解浙商精神的内涵与价值,从中汲取前行的力量与智慧,共同为中华民族的伟大复兴贡献力量。

本书编委会

2024 年 8 月

目　录

第一辑 破局:向左走? 向右走?

随着用户需求不断变化、市场逐渐趋于饱和以及竞争对手实力增强,各行各业已经进入竞争白热化阶段。这种环境对企业提出了更高的要求,促使它们主动求变,寻找破局之道,以应对多方面的挑战。通过商业模式转型、多次品牌延伸以及不断创新、优化产品和服务等措施,企业或许可以在激烈的市场竞争中脱颖而出,实现可持续发展。然而,转型期间再融资遇困、现有资本结构不合理、相关利益者的利益平衡等问题不断涌现;品牌延伸惨遭"滑铁卢",创新之路困难重重。企业逐渐陷入困惑,面临着坚持还是放手的艰难抉择。

第一章 杭氧:以商业模式创新破转型之困[①]

　　杭州制氧机集团有限公司(以下简称杭氧)在面临市场格局变动和用户需求变化的情况下,实现了传统制造业向服务型制造业的转型,由单纯设备销售商转型为集设备供应和工业气体供应于一体的供应集团。但转型初步实施后,杭氧产生了一系列问题,特别是其在资本市场表现不佳这一点,为后续融资带来了巨大压力,引发了企业高层关于转型问题的再思考。本章回顾了杭氧转型的背景、过程以及转型之后呈现的新问题,讨论了商业模式转型过程中各要素匹配与协同的问题,思考了商业模式转型中相关利益者的利益平衡问题。

　　杭氧是国内最大的空气分离与液化设备(以下简称空分[②]设备)开发、设计、制造成套企业,是我国空分设备行业唯一的国家级重点新产品开发与制造基地,属国家创新型企业,拥有国家级企业技术中心。杭氧主要从事大中型成套空分设备的生产及销售业务,煤化工行业和钢铁行业是大中型成套空分设备的重要应用领域。

---

　　① 本章作者为张大亮、何超。
　　② 空分指先将气体混合物冷凝为液体,然后再按各组分蒸发温度的不同将它们分离的气体分离方法。

2000 年以来,得益于国家拉动投资带来的政策红利,杭氧取得了高速发展,其空分设备的销售收入由 2000 年的 1.5 亿元上升到 2012 年的 67 亿元,增长了 43.7 倍。在这 10 多年中,杭氧的经营活动主要围绕空分设备的生产、供应、销售、转让来展开。业务流程是:用户来询价,公司跟踪项目,并参与招投标,中标后订立合同,组织生产,进而交货、调试运行——形成了"合同—制造—收款"的订单生产业务模式。

尽管杭氧在空分设备领域经历了 10 多年的业务快速增长期,但 2013 年以来,空分设备的销售碰到了天花板。首先,从需求角度看,空分设备的需求往特大型方向发展,主要配套市场为大型、特大型煤化工项目,单套空分设备的规模越来越大。一个项目往往以空分设备群的形式出现,而国产的大等级空分设备竞争力不强,致使市场慢慢集中在世界顶级的几个国外空分设备供货商身上。其次,从市场角度看,随着钢铁行业产能过剩,国内 2 万—5 万元等级空分设备的需求量也慢慢萎缩。最重要的是,从竞争者角度讲,国内竞争者,如川空①、开空②,把"养活企业"作为第一目标,在面临巨大的销售压力时,往往会采用低价销售策略,利用低价优势夺走项目。国外竞争对手,包括德国的林德③、法国的法液空④、美国的 AP⑤ 和普莱克斯公司⑥,均是国

---

① 川空,指四川空分设备(集团)有限责任公司,主要从事大、中、小型空气分离设备,低温液体天然气(油田气)液化分离设备等的生产销售,系全国大型一档企业、国家机械行业骨干企业、我国深冷设备主要设计制造基地之一,是四川省其有广阔发展前景的大企业之一。

② 开空,指开封空分集团有限公司,在国内空分行业中处于第二名的地位。公司主要产品为成套大、中型气体、液体空气分离设备,金属组装式冷库,城市污水和工业废水成套环保工程及设备。其中,大、中型成套空分设备为公司主导产品。

③ 林德,指 The Linde Group,即林德集团,国际大型工业气体供应商及空气分离设备制造商,世界五百强企业。

④ 法液空,指 Air Liquide,即法国液化空气集团,国际大型工业气体供应商及空气分离设备制造商,世界五百强企业。

⑤ AP,指空气化工产品有限公司,国际大型工业气体供应商及空气分离设备制造商,世界五百强企业。

⑥ 普莱克斯公司,指 Praxair,全球工业气体行业的重要制造商之一。

际老牌的空分设备制造商和气体供应商，它们的主要业务是气体供应业务，其分公司遍及全球，并能提供具有前瞻性的产品和服务。杭氧正处在一个下顶上压的竞争环境中。

一、竞标失利，触发转型

2013 年 12 月 6 日，美丽的杭城笼罩在一片雾霾下，朦朦胧胧，正如杭氧董事长蒋明的心情，阴郁而迷茫。蒋明刚查看了当日杭氧股票（代码：002430）的股价走势，一股烦闷感油然而生：股价又下跌了，报 7.70 元，换手率为 0.24%，成交额为 6200 万元；主力流入 489 万元，流出 2174 万元，散户流入 1012 万元，流出 1302 万元；股票近期的平均价位为 7.74 元，股价长期在发行价下方运行，处于回落整理阶段且下跌有加速趋势，已发现中线卖出信号，股票资金方面呈流出状态，许多投资机构建议投资者谨慎投资。想到 3 年前，2010 年 5 月 31 日，杭氧向社会公众发行了 7100 万股面值 1 元的股票，在网上、网下同时配售股票，发行价达到 18 元/股，募集了 12.78 亿元，那是何等的意气风发。而如今，虽然杭氧的销售收入、净利润都翻了一番，但公司股价表现一直不佳。即使杭氧拿下了 10 多亿元的重大项目，股民对公司也不再有信心。

蒋明感到非常困惑：杭氧从传统设备制造商向现代服务气体供应商转变，这是顺应潮流的转型，本应该是一个非常正确的决策，并且经营业绩也在不断创新高，为什么股价会持续下跌呢？难道是投资者对杭氧失去了信心？转型策略错了吗？

站在窗边，望着窗外笼罩在朦胧雾气下的行人，蒋明一遍遍反问自己。关于杭氧转型的往事一幕幕涌上他的心头。

2006 年，杭氧和林德都参与了中石化福建炼油乙烯项目 2×

40000m³/h①空分设备招标项目。虽然从技术、质量和品牌角度考虑，林德有优势，但从价格、服务与客户关系上看，杭氧有绝对优势。但就是这个本以为十拿九稳的订单，最终却因为林德低于杭氧15％的超常规报价（投标价格为2亿元左右）而丢失了。这不是单纯的设备销售项目。项目实施后，林德与中石化各出资50％进行气体投资。设备销售是一次买卖，而气体投资是长期投资，每年根据气价按量逐年回收成本，虽然成本回收周期长，但往往盈利也更多。因此，对一些有可能转化为气体投资的设备项目，供货商往往为求将设备标的竞争到手，而后努力转化为供气实现盈利，这样设备价格的高低就相对不是那么重要了。

当时负责招标的副总经理邱华锋后来才领悟其中的奥秘，这次竞标失利不是输在价格上，而是输在商业模式上，是传统制造企业与现代服务型制造企业的较量。转型的课题再次摆到杭氧管理层面前，不转型等死，而转型就能成功吗？其实，早在2003年，杭氧就已经开始尝试做气体投资，一共投资了两套550m³/h小空分设备，投资额为1000万元左右，并将其作为示范性项目，为今后进入这一领域积累经验。但由于用气单位投资失策，导致设备开工不足，没能实现预期投资回报，加上当时设备制造与销售业务如日中天，杭氧因此没有重视这种新的业务模式。

随着用户需求变化、市场日渐饱和、竞争对手变强，杭氧感受到了前所未有的竞争压力，也在日益激烈的市场竞争中越来越难以脱颖而出。以性价比取胜的竞争法宝失灵，杭氧靠什么生存，是自变求生还是坐以待毙？杭氧管理层还在犹疑。可当福建项目竞标失利后，杭氧管理层达成了高度共识：转型，快速转型！

---

① m³/h（立方米每小时）是气体流量的常用单位，表示在某一特定条件下（通常是实际的工作条件）气体的流量。

二、借道资本市场,实施快速转型

对于杭氧是否转型,是快转还是慢转,是大转还是小转,杭氧内部员工有着严重分歧。有的员工认为制造行业是一个极容易受国家政策影响的行业,尤其是杭氧这种做基础设备配套的企业,受经济周期影响,每5年都会不同,现在企业处在"多吃吃不下,少吃吃不饱"的阶段,不需要转型;也有的员工认为国际上的制造业公司都经历过类似阶段,最终通过转型实现了企业的可持续发展,杭氧应该学习现代先进企业的经营模式,寻求新的突破。

为解决该矛盾,杭氧管理层分析了近几年的行业市场需求以及用户需求价值的变化,发现导致市场多变的因素,不是行业周期性变化,而是众多结构性变化(如图 1-1 所示),杭氧必须快速转型。

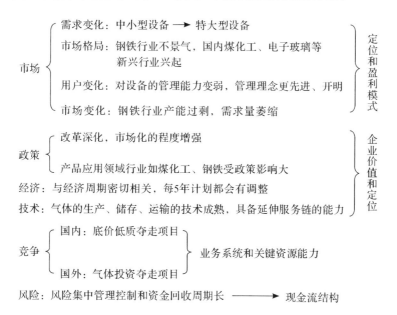

图 1-1　杭氧转型的影响因素

　　过去,空分设备主要为钢铁冶炼行业配套,近年由于受宏观经济下行趋势影响,国内钢铁企业出现普遍亏损,而且在今后一段时期内钢铁产能过剩的问题依旧存在,这对设备销售市场开拓非常不利。国内煤化工、电子玻璃等行业兴起,对空分设备的需求量日益增长,市场需求呈现新的特点。

　　传统的钢铁企业对空分设备的管理能力较强,具有强大的设备运行管理能力。但是随着新兴行业兴起,这些新用户对空分设备的熟悉程度不高。同时相对于钢铁企业而言,为新兴行业配套空分设备的技术要求更高、更复杂,常规的项目建设模式难以用于与新用户的合作。而杭氧具有空分设备比较系统和强劲的技术实力,延伸服务链可以弥补用户的能力不足,为其进行业务转型提供了良好的需求条件。

　　从空分行业发展过程来看,国外经历了从只提供设备到提供工程总承包以及供气模式的转型过程。国外同行研究资料表明,当前跨国气体公司的销售收入中,气体及服务营业收入已占80%以上。随着用户不求所有、只求所用观念的转变,让专业的公司做专业的事的理念被国内用户认可,用户可以接受将空分设备项目建设交给空分设备生产厂商,而直接向其购买气体的模式。空分产业链延伸的市场条件已满足。

　　市场需求、用户能力、用户观念都已发生质变,用户对空分设备的全方位服务有了更多要求,这无疑给制造型企业向服务型企业转型提供了良好条件。因此,杭氧毅然调整战略定位,从空分设备制造商转为气体供应服务商,从卖设备转到卖气体。

拓展阅读

商业模式六要素理论

商业模式六要素模型如图 1-2 所示。

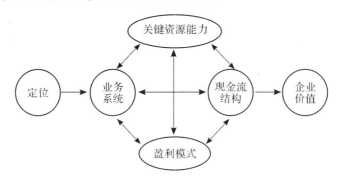

图 1-2 商业模式六要素模型

1.定位,指企业满足客户需求的方式,具体包括产品、客户、需求和方式。

2.业务系统,指企业选择哪些行为主体作为其内部或外部的利益相关者。这一概念涉及多个方面,包括构型、关系和角色。其中,构型指企业与其利益相关者之间连接的结构,关系包括交易内容、交易方式、交易性质,角色则是有一定资源能力的利益相关者。

3.盈利模式,指以利益相关者划分的收入结构、成本结构以及相应的收支方式。

4.关键资源能力,指支撑交易结构背后的资源和能力。

5.现金流结构,指以利益相关者划分的企业现金流流入的结构和流出的结构以及相应的现金流形态。

6.企业价值,指未来净现金流的贴现。对上市公司而言,直接表现为股票市值。

　　公司设计了两种转型方案:第一,以杭氧深冷低温技术为依托,发展与其相关的上下游业务。① 第二,以空分设备为主业,加强对空分设备后期的维护业务。

　　对于第一个方案,公司具有深厚的深冷低温技术底蕴,为空分设备的工程总承包商和气体投资商提供过大量的空分设备,因而对其技术要求、技术接口、技术要点非常熟悉。但是,在工程总承包和气体投资上,公司没有任何业务经验,缺少有工程资质的设计力量、资金运作和气体公司运营能力、销售渠道。一旦确定实施,就需要打通低成本的融资渠道,建立高效的气体运营队伍和销售队伍,整合周期较长,因而存在较大的转型风险。可是,气体投资可以让公司和用户实现双赢。首先,气体边际效益提高。原来用户需要多少气体,就购买相应的设备生产,但是气体的需求本身是柔性的,会造成浪费和设备闲置。如果用制造公司自有设备提供气体,一方面可以与用户长期合作,另一方面可以将多余的气体就近销售给附近用户,提高气体使用率,同时发展其他用户。其次,对用户来说,风险全部转移给了制造公司,而这个风险对于制造公司来说是可以整合和承受的。再次,提高了公司的专业性。制造公司可以派遣专业人员对用户的气体生产进行培训和指导,为用户提供更专业化的服务。最后,用户和公司分担投资,用户可以从重资产经营转化为轻资产经营,制造公司则可以分散资金风险,提高资金流动性。

　　对于第二个方案,公司有现成的服务部门,只要把运行模式稍加改变,就可以快速实现转型。而且对于空分设备来说,其维护的主要部件是动设备的零部件。而杭氧对动设备主要是进行成套工作,因而即使是动设备的零部件需要更换,带给杭氧的业务量也是非常小的。

---

　　① 与深冷技术相关的上游业务为工程总承包交钥匙业务,下游业务为利用自己的设备提供工业气体和液体。与低温技术相关的其他业务包括液氮洗、乙烯冷箱等化工、石化领域的低温设备。

虽然风险小，但收益也少。

两种方案的优劣势非常明显，若按方案一转型，收益大，风险大，条件要求高，一旦转型成功，公司可以实现产值、利润的跨越式发展，走上可持续发展道路。因此，经过对内外形势的分析及自身资源评估，杭氧确定了以深冷低温技术为依托，发展与其相关的上下游产业链一体化的转型模式。具体内涵体现如下。

一是"重两头"战略，即空分产业向两头延伸，向上重点发展工程成套业务，向下重点发展气体业务。通过努力形成设备制造的集成和气体生产与供应两翼齐飞的发展格局，杭氧不仅要做中国空气分离设备制造的龙头企业，还要实现成为世界一流的工业气体供应商和服务商的愿景目标。

二是"拓横向"战略，即发展成套空分关键配套部机业务，兼顾横向发展石化低温相关产业。

三是"做精品"战略，即以创新提高企业的核心竞争力，通过完善现有生产管理体制和生产组织方式，加强管理，提高效率，制造精品。

为应对转型中出现的各种问题，确保转型顺利进行，杭氧采取了一系列措施。

一是完善向上下游延伸的组织机构，形成从设备制造向服务型制造的组织结构转变。杭氧是国有企业，很多员工旧有的观念无法适应新战略，原有的生产模式无法匹配新战略，新部门、新业务对应人才严重缺失，战略发展受阻。针对这些问题，杭氧对组织结构进行了优化：为完善和健全气体投资职能，新增气体中心；为对工程成套能力进行整合优化，吸收社会资源，成立专业的工程公司；吸收高层次专业人才，加强复合型技术、管理人才队伍建设；完善技术创新模式，创建具有杭氧特色的技术创新机制；构建资金平台，组建和完善财务结算中心，筹备财务公司；对公司各个部门的职责进行重新修订，进一步完善职责和明确工作范围；等等。

二是设立气体管理中心,加强气体投资管理。公司上市以后,气体投资战略有了充分资金保障,杭氧加快了向下游产业链延伸的步伐。在"十一五"(2006—2010年)初期,公司建立了专门的气体管理部门,对气体产业投资进行专业化管理。围绕产业集聚区,优化服务质量,为客户提供专业的气体产品管理服务理念。对气体中心的职能规划进行进一步调整,设置了气体运行、气体管理、气体投资、气体工程、气体应用研究等部门,专门负责气体项目的投资、建设、运营管理和产品研发。截至2013年6月,杭氧通过新建、收购或兼并等方式,气体投资达65亿元,在全国组建了26家气体公司,制氧容量累计达90万 m^3/h,其中2012年实现气体销售收入10亿元、净利润1亿元。杭氧不断加强气体投资产业的空间布局,完善区域布局,整合资源,打造区域供气中心。以杭氧气体中心远程监控系统、液体销售物流管理系统为依托,打造区域性管道供气和液体销售网络。在液体市场形成了上游争取资源、中游发展物流、下游发展终端客户的管理模式,提高了杭氧的市场信息掌控能力、资源开发能力,提升了气体投资项目的效益。

三是吸收兼并社会资源,完善工程服务业务。在浙江省和杭州市政府的支持下,杭氧依托原杭州化医设计院的资源和资质,成立杭氧化医工程有限公司,全面完善杭氧的空分成套产业链。通过整合社会资源,杭氧吸收了原杭州化医设计院的技术实力和人力资源,并整合了在空分设备研发和成套上的优势经验,实现了资源的有效配置和产品的高效延伸,完成了工程设计甲级资质升级,不断完善组织结构,形成了工程设计和工程总承包两大业务体系。杭氧化医工程有限公司重点服务公司战略的上游产业链,借助杭氧在气体投资和设备销售方面的广阔市场,在工程成套服务领域得到充分发展。

四是完善公司治理,加强企业管控。随着公司的业务范围不断扩大,尤其是气体投资业务迅速发展,杭氧在全国各地投资的气体子公司逐年递增。面对不同地域、不同文化、不同环境的子公司，如何将这些子公司顺利纳入公司战略发展轨道，成为杭氧在企业治理上的一个重要难题。为此，杭氧制定了多项管理制度和办法，如《控股子公司管理办法》《子公司财务管理办法》《重大事项报告制度》《融资及担保管理办法》《商标管理办法》等；对于控股子公司，全部由母公司派遣财务总监，同时资金由杭氧总部的资金结算中心统一结算，降低了运营风险；对于子公司经营数据，采取远程网上直报，必须定期上报公司总部。

为让各地子公司融入杭氧的企业文化，杭氧在全集团范围内推广企业理念识别系统（CIS），统一各子公司的经营理念、市场行为和厂区外观。2009年，杭氧开始推广卓越绩效模式，以精益管理为目标，实现企业管理的全面提升，并于2012年成功获得杭州市人民政府质量奖。

为匹配企业向服务型制造业转型，杭氧积极进行企业信息化技术建设：建设和完善杭氧网站，组织运用OA办公系统，实现公司财务、质量、生产、能源、销售等部门的信息化管理；独立自主地开发各项管理系统，使之在各相关部门得到广泛而深入的应用，包括生产设备管理系统、技术准备完工信息系统等。由于产品的流程计算、性能计算、结构计算和产品的设计、工艺以及各项管理工作使用了计算机网络，实现了资源共享和信息共享，技术开发周期大幅缩短。为实现研发设计、生产过程、企业管理、产品流通和采销渠道等各个环节的融合，促进企业各环节平衡发展，突破成本瓶颈，公司在2012年应用ERP管理系统，将研发、设计、物流、生产、采购、销售、财务等信息相结合，加快了企业内部各部门和各子公司与母公司之间所有物流活动、商业活动的集成，从而提高了产品流通的及时性、准确性，并降低了成本，提高了企业利润。

五是借力资本市场，构建资金运行平台。杭氧主要从内外部两方面进行资金筹集：内部借助自有资金和经营留存来筹集资金；外部从市场直接融资、银行商业贷款和票据融资三个渠道筹集资金。2010年,杭氧在深圳证券交易所上市,IPO 共募集资金 12 亿多元,用于公司大型空分制造技改项目和气体投资项目。2011 年末,所有募集资金均已投放到位,使用率超过 70%。杭氧上市打开了国内资本市场的融资渠道,募集资金充实了公司资本金,大大提高了公司的融资能力。根据公司战略发展需要,在充分运用直接融资的同时,杭氧积极与金融机构合作,分别与三家银行共签订了 60 亿元的授信额度,切实保障了气体投资项目及生产经营的资金需求。特别是在国际金融危机、国内采取稳健货币政策的大环境下,为公司战略目标的实施提供了强有力的资金保障。在国内银根紧缩的形势下,杭氧多渠道开拓融资,与多家金融机构商讨制定发行中期票据等可行性方案,为资金供给再筑安全堤坝。

在此次转型过程中,杭氧巧妙整合下游,转换自身角色,重构关键资源能力,以匹配新的商业模式(如表 1-1 所示)。

表 1-1　杭氧 2010 年转型前后变化

项目		2010年转型前	具备条件	2010年转型后					
				组织层面	社会层面	技术层面	关系层面	业务层面	成本层面
关键资源能力		拥有专业制造能力和核心技术	专业制造、核心技术；充足的资金，低成本的资金；气体运营与营销能力	建立气体管理中心、财算中心等新的职能部门；完善业务系统；建立分公司管控制度；信息化办公	通过各种荣誉提高美誉度，增强社会投资信心	拥有技术优势，有各种重大领先发明	拥有关系优势，与政府机构建立良好的关系	以气体投资为主营业务	上市融资，负债结构改变；新的商业模式下资金回流方式改变
企业措施的匹配性		公司所拥有的资源与商业模式高度匹配，形成一种规模效应和成本效应	部分条件不具备	组织结构的变动与上下游链的拓展基本相适应；创新型组织的建设还有体现	企业虽然美誉度提高，但是市值下降，从短期来看，投资者对企业缺乏信心	技术优势继续保持	利用国企的关系网络，收购、兼并社会资源、完善工程服务业务；随着国家改革的再深入和产业结构的调整，其风险性和不确定性增大	企业业务得以调整	国内金融体制滞后，增加了企业的资金成本负担，现金流变差

续　表

对比指标	杭氧2010年转型前	杭氧2010年转型后						
		具备条件	组织层面	社会层面	技术层面	关系层面	业务层面	成本层面
基本情况描述	国内最大的空气分离与液化设备开发、设计、制造成套企业，我国空分设备行业唯一的国家重点新产品开发与制造基地，属国家创新型企业；长期的经营活动形成"合同—制造—收款"的订单生产业务模式	深厚的深冷低温技术底蕴，熟悉空分设备的技术要求、技术接口、技术要点，维护能力强；产业链整合、制造业企业向服务型企业转型，气体边际效应（即气体的利用效率和应用价值等）提高						

三、初见成效，但现金流告急

通过一系列措施，杭氧在组织构架、部门职能、融资、人才和管理等方面进行了重大调整，公司转型取得一些显著成效。

一是空分设备核心技术能力显著提高。通过对国外先进标杆的学习和自身的创新，杭氧实现了产业结构的全面升级，进一步优化了资源配置结构，使人、财、物能够各尽其职，充分促进了企业发展。2011—2013 年，杭氧取得授权专利 26 项，其中发明专利 12 项。这些专利应用于空分产品，带来明显的经济效益。到 2013 年 12 月，杭氧在空分设备上已具备覆盖世界上最大规模等级空分的能力，各项关键技术走在世界前列；已拥有采用规整填料上塔和全精馏制氩的空分设备技术、板翅式换热器导流片制造工艺等国际先进技术，是国内唯一一家成熟掌握自动变负荷技术的厂家；新研发的 10 万等级空分设备突破市场瓶颈，为未来特大型空分设备进入市场开辟了道路。

二是上下游延伸取得显著成效。通过转型升级战略的实施，杭氧坚定了发展气体投资业务的决心，在气体市场开发上努力追赶国外先进同行，并取得了惊人效果。2009—2012 年，杭氧共有 26 家气体公司在全国各地成立，项目总投资额达 65 亿元，设备装机制氧量达 90 万 m^3/h。杭氧气体产业的管理体系和运行机制已经日趋完善，气体产业的整体布局已日渐显现。杭氧在气体投资市场的业绩基础日益雄厚。2009 年，杭氧气体销售收入为 1.4 亿元，净利润为 900 万元；2010 年，杭氧气体销售收入为 2.7 亿元，净利润为 3900 万元；2011 年，杭氧气体销售收入为 6.8 亿元，净利润为 7000 万元；2012 年，杭氧气体销售收入为 10.0 亿元，净利润为 1 亿元。

通过气体投资和空分设备业务拓展，杭氧的工程成套能力得到迅速提升,并确立了在工程服务市场中的地位。杭氧化医工程有限公司在成立的 2 年多时间里,在工程总承包方面累计承接总承包合同 23 个,工程项目 29 套,累计总承包合同订单金额达 27.3 亿元;在工程设计方面,从原来每年约 800 万—1000 万元的订单,到 2011 年,取得 1941 万元的订单,在发展上实现了质和量的飞跃。

三是企业保持良好发展态势,竞争力明显增强。自 2007 年提出"重两头、拓横向、做精品"的企业转型升级战略以来,杭氧的综合经营实力每年都在不断增长,即便在宏观经济下行趋稳、市场情绪低落的情况下,依然能够保持良好的增长态势。在市场快速发展时期,杭氧能够密切关注市场动态,洞察客户需求,加快技术储备,提升服务品质,挖掘企业潜力;在市场回落时期,加强内部基础管理,合理安排生产计划,加强成本管理,加强对员工的培训等,从而保持健康平稳的发展态势,迅速提升企业竞争能力。杭氧 2009—2012 年的主要经济指标如图 1-3 所示。其中,公司销售收入增长了 143%,净利润增长了 106%。公司的综合运营能力得到显著提高。

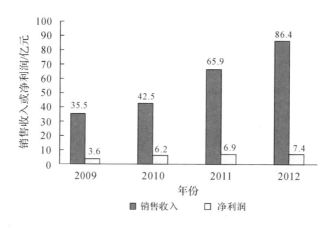

图 1-3　杭氧 2009—2012 年的销售收入及净利润

四是社会美誉度与品牌形象得到提升。经过几年的发展,杭氧坚持走"重两头、拓横向、做精品"的战略发展道路,使企业的综合实力得到全面提升,也赢得了社会公众的信赖以及社会与各级政府的充分肯定。2009—2011年,杭氧连续获得全国火炬计划重点高新技术企业、中国驰名商标、最具成长力上市公司、中国机械工业百强企业、装备中国功勋企业等多个荣誉称号。2013年,杭氧在全国制造业百强企业中排名第46位,位列浙江省制造业第一,全国通用行业第二。

想到这诸多成绩,蒋明感到些许宽慰。

"董事长,这是下午总经理办公会议的议案,讨论是否继续实施股票市场的再融资。"秘书的提醒打断了蒋明的思绪,面对再融资报告,他有一股说不出的苦楚。

自2010年上市以来,杭氧市场表现长期低迷,转型后虽取得了一些好的成绩,但是市净率(如表1-2所示)、市盈率(如表1-3所示)以及每股净资产(如表1-4所示)都有不同程度的下滑,这反映出公司资产缩水,以及市场对公司的认可度不足。更关键的是,公司出现现金流不平衡现象,股价也不给力,长期在发行价格下方运行,从而导致公司再融资一再受阻,增发计划也一拖再拖。

表1-2 杭氧2010—2013年市净率

单位:倍

年份	第1季	中期	前3季	年度
2013	3.08	1.78	2.08	1.88
2012	5.07	3.38	3.56	2.67
2011	6.13	5.37	5.48	5.07
2010	—	11.27	4.92	6.13

数据来源:和讯财经。

表 1-3   杭氧 2010—2013 年市盈率

单位:倍

年份	第 1 季	中期	前 3 季	年度
2013	21.07	31.51	26.80	26.31
2012	29.31	24.20	22.15	18.31
2011	43.84	30.03	30.41	29.29
2010	—	32.32	33.89	43.84

数据来源:和讯财经。

表 1-4   杭氧 2010—2013 年每股净资产

单位:元

年份	第 1 季	中期	前 3 季	年度
2013	3.93	3.88	3.94	4.03
2012	4.83	3.60	3.71	3.88
2011	6.26	4.23	4.42	4.66
2010	2.68	5.48	5.68	5.98

数据来源:和讯财经。

为重新赢得市场信心,杭氧试图通过各种公告与市场沟通。2013年1月,杭氧刊登了发行短期融资券获准注册公告,公司将根据资金需求情况及市场利率波动情况,在注册有效期内择机发行首期短期融资券,后续将按规定及时披露发行的相关情况;4月,刊登了重大经营合同中标公示的提示公告,公司成为中国神华国际工程公司的神华宁煤 400 万吨/年煤炭间接液化项目空分装置设计、供货和服务的项目中标人,中标金额为 16.95 亿元,这对公司拓展大型、特大型空分设备市场具有较大促进作用,对公司经营业绩产生了较为积极的影响;7月,刊登了关于调整公司 2013 年非公开发行股票方案的公告,本次非公开发行股票的数量为不超过 19751 万股,发行价格不低于 8.05 元/股,用于充矿气体项目、南钢气体项目的流动资金补充。

而在 7 月增发方案公布时，股东们提出了很多尖锐的问题：“公司募集资金近 16 亿元，但补充流动资金只有 4.35 亿元。3 年前，公司才上市，为何这么缺钱？”“这么多钱投下去，为什么现在股价比发行价还低？”……

想到这些质疑，蒋明依然觉得心有余悸。资本市场表现不佳（如表 1-5 所示）的原因非常复杂，从投资者看企业价值的角度来分析，投资者眼中的企业价值是以最小投入获取最大投资回报，而投入有资本投入与时间投入。投资者回报从数量上有股价提升与分红，从质量上有持续性、增长性、稳定性和风险性。从成本、差异化角度来分析，在重资产经营中，杭氧的优势在于劳动力成本低廉；转型后，中国资金成本相对于国外高，重资产向轻资产转型过程中成本结构变动，原来的成本优势丧失。从内外部因素角度分析，与中国股市环境和结构的不健康有关，但是从企业内部考虑，长期的低迷和不景气，是转型的思路或是战略部署出了偏差。没有得到投资者认可吗？ 再融资工作不能拖了，但股民会买账吗？

表 1-5 杭氧转型前后企业价值变化及改进方案

角度	转型前后对比	改进方案
投入—产出比	从行业发展规律来看，转型后的收益率应该是提高的	借鉴国外气体供应企业的收益率，对企业的产能产量做合理规划
回收周期	转型前的资金回收周期短，账面价值美观；转型后的资金回收周期长，账面价值不高	进行气体生产合理的网点分布，提高设备利用率和气体生产量，改变资金回收方式
成本角度	转型前的优势在于人力资本的节约，有成本优势；转型后资金成本变高，企业丧失成本优势	向下游合作企业融资投产，实现双边合作共赢
风险性	转型前风险低；转型后风险高	建立完善的风险评估和预防机制，分散风险，增加收入

杭氧这次转型究竟成功与否？答案要从政府、员工、股东、客户等多维度、多角度进行分析(如表 1-6 所示)。不同的利益相关者对企业的要求不同,比较杭氧转型前后相关利益者的利益变化,可以看到不同利益相关者关注的利益点也不同。以股东为例,股东只关注自身利益,会比较关注企业的资本市场表现与分红,所以股价的高低可能是其衡量杭氧转型是否成功的重要指标。

表 1-6　杭氧转型前后利益相关者对其成功性的衡量

利益相关者	关注因素	衡量指标	转型前	转型后	成功/失败
政府	解决的就业问题;对地区 GDP 的贡献;当年实现的税收额	上交税额、GDP、就业	销售收入为 1.5 亿元(2000 年)	销售收入达 67 亿元,增长 43.7 倍(2012 年)	成功
员工	企业的发展前景;薪资福利待遇	年薪、住房等福利	略高于行业水平	行业人才输送基地	成功
股东	财富增长和投资回报	股价、分红、资本投入	18 元/股(2010 年)	7.7 元/股(2013 年)	失败
客户	利润提升,成本降低;风险减少;使用的便利	客户价值	重资产经营	轻资产经营,风险低	成功

四、新问题接踵而至,杭氧何去何从

关于再融资议案的总经理办公会议如期举行,杭氧主要管理层都出席了会议。这次高层会议主要探讨战略问题,从而改变再融资难的困境。总经理率先发言:"实施从单纯的设备供应商到集设备供应和工业气体供应于一体的大型企业集团的战略转型,是杭氧在实践过程中面对竞争和国际趋势选择的道路。但是由于资金和股价表现等问题,面对再融资难的困境,我们一起探讨下转型实施的问题,并考虑在战略上是否要调整。大家可以随意发表自己的看法。"

　　谈到融资问题，财务总监有一肚子苦水："杭氧销售的空分设备，部分是用于公司投资的气体项目，因而不能形成对外销售收入，也不产生利润，而气体投资的投入大，回收期长，对资金需求多，当初在提转型方案的时候我就觉得投资气体项目条件不具备，我们应该继续保持生产和销售设备的性价比优势，这种兼顾的方式必然会让我们的经营步伐越来越沉重。所以现在股价才会这么低。"

　　营销部的邱华锋并不认同财务总监的观点，他发表了自己的观点："转型当然是没错的，之前项目竞标失利的教训多么惨痛！杭氧销售空分设备时，销售结算的一般方式是，在合同生效10天内向用户收取合同总价的10%作为保证金或预收款，初步设计完成后向用户收取合同总价的20%作为预收款，主要材料投料后向用户收取合同总价的20%作为进度款。杭氧开始向用户交付产品后，采用分批交货、分批付款的方式进行结算，用户需向杭氧支付每批货物40%的货款，直至累计支付达到合同总价的90%。剩余的10%合同款项中，5%的款项将在设备稳定运行并通过考核后的1个月内支付，另外5%作为质保金，在设备考核验收合格并连续正常运行1年后的1个月内支付。对于小项目，资金回收期通常为6个月；对于大项目，资金回收期通常为12—18个月。因此，杭氧在单纯销售空分设备的经营阶段现金流状况良好，财务数据自然会好看些。气体项目前期投资很大，等后续实现稳定供气后才能有稳定的现金流入，资金回收期为5—6年。目前，杭氧大部分气体投资项目还处于建设期或投产初期，杭氧每股经营活动现金流量净额在2010年、2011年、2012年分别为0.92元、0.23元及0.19元，呈下降趋势，经营资金压力确实日趋增加，但这是暂时的。我们应该继续坚持转型，想办法开拓更多再融资渠道，补充资金缺口，把整个局布好，到时候形成一个网状的气体供应平台，从长远考虑收益肯定会更好。"邱华锋讲话充满激情，杭氧美丽的战略蓝图仿佛就在眼前,部分高层管理人员纷纷表示赞同。

"问题是现在市场对我们的再融资计划丝毫没有兴趣啊! 要在关键市场布置好生产气体的项目点需要多少资金? 需要多少时间? 现在还能继续下去吗? 若还是推行现在这样的战略部署,说不定只会越来越难。"一直沉默的行政总监痛心疾首地说道。

董事会秘书一边翻看着近几年的年报,一边担忧地说:"转型后,杭氧从轻资产经营企业转变成为重资产经营企业,改变了部分投资者偏好,严重影响投资者价值判断。杭氧以 BOO 模式①投资气体项目,为用户提供工业气体,拥有大量的固定资产和在建工程,以合并口径的固定资产及在建工程的总和为计,杭氧近几年固定资产及在建工程费用大幅上涨,并且未来还会继续上涨。这非常影响财务报表数据的美观,难怪投资者越来越没有信心,再融资会这么困难。但是,在转型问题上,我还是同意邱总的观点。销售设备只会让我们走向穷途末路,我们在制造业产业链中处于末端,只有转型才有机会,才可能浴火重生。"

"那我们用数据说话。"财务总监轻轻叹了口气,"2010 年,杭氧首次公开发行股票募集资金到位后,公司净资产大幅增长,改善了整体的财务结构,资产负债率有所下降;2010 年末,杭氧本级资产负债率及合并资产负债率分别为 46.16% 和 53.81%。2011 年以来,杭氧工业气体项目对建设资金的需求大幅增加,同时随着经营规模的扩大,对营运资金的需求也显著上升。为此,公司加大了银行项目借款融资力度。截至 2012 年末,杭氧银行借款余额达 13.32 亿元,杭氧本级资产负债率及合并资产负债率亦分别上升至 53.42% 和 57.64%。2010

---

① BOO 模式,即"建设—拥有—经营",承包商根据政府赋予的特许权,建设并经营某项产业项目,但是并不将此项基础产业项目移交给公共部门。BOO 模式的优势在于,政府部门既节省了大量财力、物力和人力,又可在瞬息万变的信息技术发展中始终处于领先地位,而企业也可以从项目承建和维护中得到相应的回报。

年、2011 年和 2012 年,杭氧利息保障倍数分别为 40.54、39.85 和 20.66。更需要注意的是,气体销售规模效应并不明显。2008—2012 年,杭氧的净资产收益率逐年降低(如表1-7所示),银行贷款增加,财务费用提高,资产负债率提高,利息保障倍数下降,财务数据反映公司经营非常不乐观,我建议将损失降低到最少,做回我们最擅长的设备经营,将工作重心进行转移,等行情好的时候再提高气体项目业务的比重。"

表 1-7 杭氧 2008—2012 年每股收益以及净资产收益率

年份	每股收益(EPS)/(元/股)	净资产收益率(ROE)/%
2008	0.78	30.02
2009	0.76	26.63
2010	0.97	19.84
2011	0.83	18.20
2012	0.56	15.31

"现在,我们的财务风险直线上升！在前几年,由于气体投资业务发展势头迅猛,也埋下了很多风险隐患。而且投资气体项目后,行业性周期风险也被放大了。比如去年针对玻璃行业的气体投资项目,由于玻璃行业不景气,用气单位跟不上项目规划,结果空分设备投入后没有产出,真是损失惨重啊。还有钢铁行业产能过剩及国务院压缩的调控政策,也透出了丝丝寒意。根据国外公司经验,气体产品要提高边际产出的关键是能为剩余的气体找到销路,而我们许多气体项目除了配套用户外,就没有其他客户了。设备生产政策没有利处,且气体项目自身风险大,这真是一个两难的局面,转不转型都很难。"风险管理总监反驳道,"如果企业举步维艰,我们讨论转型还有什么意义？"

听完风险管理总监的话,技术中心经理坚持道："气体行业是有风险,但是风险越大意味着收益也会越大,而且应该通过合理的布局分散风险。在气体生产销售时,我们发现公司缺少优秀的复合型人才,交钥匙工程缺少优秀的项目经理,气体投资更是缺少融资人才、市场开发人才、煤化工配套空分运行管理的人才。没有优秀的人才,我们怎么可能有竞争力呢? 所以我觉得公司应该创造各方面条件,更快地调整人才结构以适应现在的转型。"

人力资源总监不自觉地点头赞同道:"我们每年招收优秀的应届毕业生,对他们进行系统培训,让他们更好地了解气体投资项目,了解整个集团的运营模式,并针对性地提升他们的专业素养,其中不乏各种优秀的专业复合型人才! 但是等到这些应届毕业生有了扎实的基层经验和管理经验后,他们就开始往那些外企跳槽,我们差不多都成为行业的人才输送基地了! 这也是我们部门在以后的工作中要重点解决的问题!"

"杭氧面对的市场新形势是竞争更加激烈、技术要求更加复杂、服务理念更加卓越。由此,在空分行业竞争全球化的背景下,杭氧需要提出新的战略蓝图,规划今后的企业发展思路,转变经营理念和发展模式,在企业经营上有所创新,开拓新的市场渠道,充分利用自身优势,合理配置资源,这样才能确保民族工业在全球化的浪潮中占有一席之地。林经理,你有什么想法吗?"总经理问道。

分管气体中心的林经理答道:"杭氧一直以来致力于振兴民族工业,专注于机械研发制造等实体行业,即使开展多元化业务也紧紧围绕着主体产业,所以能够经受住外部危机的冲击,这也是杭氧在制定新时期发展战略时的核心思路。因此,气体投资项目的转型是应该和必然的,但是多元化业务所占比重,以及转型后的重心还是应该明确……"

"各位,我们必须清楚杭氧目前仍然处在转型期。"蒋明站起来,打断了众人的争执。他铿锵有力地说道:"请大家看看杭氧 2008—2012 年的主要财务指标(如表 1-8 所示),按照原计划,到 2015 年,我们的目标是工业气体业务占总收入的一半。对于气体投资项目,从项目选择角度来说,公司以收购为主,自然会有较大的资金需求,所以再融资刻不容缓。现在是我们最困难的时期,我们要团结一致解决难题,先梳理一下转型中遇到的难题以及需要采取的措施,再探讨转型的进度、方式等,下面请证券部先发言。"

……

表 1-8　2008—2012 年杭氧的主要财务指标

主要财务指标	2008 年	2009 年	2010 年	2011 年	2012 年
营业总收入/万元	266613.75	268641.40	302338.97	423253.47	535392.47
属于上市公司股东的净利润/万元	21443.98	25077.62	35476.42	49735.30	45226.84
归属于上市公司股东的扣除非经常性损益的净利润/万元	18518.11	23227.98	32178.50	47216.03	40939.34
经营活动产生的现金流量净额/万元	27195.16	21701.26	36999.03	13915.64	15608.24
基本每股收益/(元/股)	0.78	0.76	0.97	0.83	0.56
稀释每股收益/(元/股)	0.78	0.76	0.97	0.83	0.56
净资产收益率/%	30.02	26.63	19.84	18.20	15.31
总资产/万元	345493.92	343986.11	560874.35	626988.64	825181.89
归属于上市公司股东的所有者权益/万元	84507.42	97616.70	239609.85	280591.61	315032.49

数据来源:杭氧 2008—2012 年年报。

面对转型过程中出现的各种新难题,杭氧的管理层并没有轻松享受到各种成果,反而陷入了新的管理困惑——如何解决公司现有资本结构的不合理问题? 如何增强投资者的信心? 如何培养和吸引复合型的专业人才? 这些问题都摆在杭氧管理层面前,成为企业转型升级后快速发展的绊脚石。该如何解决这些阻碍公司发展的绊脚石,让公司实现更大价值和更良好的可持续发展呢?

会议还在继续,蒋明疲惫地靠在座椅上。杭氧转型的未来之路任重而道远。

拓展阅读

利益相关者

利益相关者包括企业的股东、债权人、雇员、消费者、供应商等,也包括政府部门、本地居民、本地社区、媒体、环保主义等压力集团,甚至包括自然环境、人类后代等受到企业经营活动直接或间接影响的客体。这些利益相关者与企业的生存、发展密切相关,他们有的分担了企业的经营风险,有的为企业经营活动付出了代价,有的对企业进行监督和制约。企业的经营决策必须考虑他们的利益或接受他们的约束。其理论模型如图1-4所示。从这个意义来说,企业是一种治理和管理专业化投资的制度安排,企业的生存和发展依赖于企业对各利益相关者利益要求回应的质量,而不仅仅取决于股东。这一企业管理思想从理论上阐述了企业绩效评价和管理的中心,为其后的绩效评价理论奠定了基础。

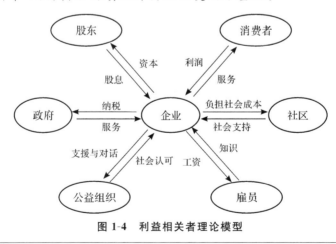

图 1-4   利益相关者理论模型

竞争战略

迈克尔·波特（Michael Porter）认为，在与五种竞争力量的抗争中，蕴涵着三类成功型战略思想，分别是总成本领先战略、差别化战略、专一化战略。这些战略类型的目标是使企业经营在产业竞争中高人一筹：在一些产业中，这意味着企业可以取得较高的收益；而在另外一些产业中，一种战略的成功可能只是企业在绝对意义上能获取些微收益的必要条件。企业贯彻任何一种战略，通常都需要全力以赴，并且要有一个支持这一战略的组织安排。如果企业的基本目标不止一个，那么这些方面的资源将被分散。

第一，总成本领先战略要求坚决建立起高效规模的生产设施，在经验的基础上全力以赴降低成本，紧抓成本与管理费用的控制，以及最大限度地减少研究开发、服务、推销、广告等方面的成本费用。为达到这些目标，要在管理方面对成本给予高度重视。尽管质量、服务以及其他方面也不容忽视，但贯穿于整个战略之中的是使成本低于竞争对手。如果一公司成本较低，则意味着当别的公司在竞争过程中已失去利润时，这个公司依然可以获得利润。赢得总成本最低的有利地位通常要求具备较高的相对市场份额或其他优势，诸如与原材料供应商有良好联系等，或许也可能要求产品的设计便于制造生产，易于保持一个较宽的相关产品线以分散固定成本，以及为建立起规模经济而对所有主要顾客群进行服务。

第二，差别化战略是将产品或公司提供的服务差别化，树立起一些全产业范围内具有独特性的东西。实现差别化战略可以有许多方式：设计品牌形象、技术性能、顾客服务、商业网络及其他方面的独特性。最理想的情况是公司在几个方面都有其差别化特点。例如，某履带拖拉机公司不仅以其商业网络和优良的零配件供应服务著称，而且以其优质耐用的产品质量享有盛誉。

第三,专一化战略是主攻某个特殊的顾客群、某产品线的一个细分区段或某一地区市场。正如差别化战略一样,专一化战略可以具有许多形式。总成本领先战略与差别化战略都是要在全产业范围内实现其目标,而专一化战略总体上是围绕"很好地为某一特殊目标服务"这一中心建立的,它所开发推行的每一项职能化方针都要考虑这一中心思想。这一战略的前提思想是:公司业务的专一化能够以更高效率、更好的效果为某一小范围的战略对象服务,从而超过在较广阔范围内竞争的对手们。波特认为这样做的结果是,公司或者通过满足特殊对象的需要而实现了差别化,或者在为这一对象服务时实现了低成本,或者二者兼得。这样的公司可以使其赢利的潜力超过产业的普遍水平,保护公司抵御各种竞争力量的威胁。

第二章　品类创新,能否让苏泊尔厨卫大家电崛起?[①]

20 世纪 90 年代,原本作为一家压力锅配件代工厂的苏泊尔主动求变,推出自主品牌压力锅。在压力锅安全事故发酵之机,苏泊尔凭借安全新标准诉求和产品过硬质量一举打开全国市场,成为行业后起之秀,走上了做大做强的品类创新之路。苏泊尔从与压力锅关系最密切的炊具市场入手,通过工艺创新与理念传播,成功延伸出多品类炊具;又从终端推广方式创新切入,吸引消费者关注,在小家电市场脱颖而出;而后趁势进军厨卫大家电,结果出人意料,没有达到预期目标;在经历换标调整后,又瞄准环境家居行业,依托 SEB[②] 实现技术创新和沟通方式创新,在行业洗牌之际获得良好发展;再通过"泛时尚"产品重新定义水杯行业,占据水杯行业前三的位置。苏泊尔多次通过品类创新,实现品牌延伸的突破与成功,除了带给公司长足发展的信心外,更多的还有反思:苏泊尔在品牌延伸上有哪些成功的经验值得总结? 更让苏显泽董事纠结的是,苏泊尔厨卫大家电是否应坚持品牌延伸策略来实现突围?

---

① 本章作者为张大亮、朱逗逗、屠云峰。
② SEB,中文名为法国赛博集团,是以发明世界上第一个压力锅而著名的小家电集团,创始于 1857 年。

　　自 1994 年创立以来,苏泊尔在 20 多年里取得了巨大发展——从一家仅生产压力锅的小公司逐渐成长为覆盖炊具、小家电、厨卫大家电、环境家居四大业务领域的上市公司,同时和 SEB 达成战略合作协议,积极将产品推向全球,成为国内小家电行业的著名品牌和领先企业。目前,苏泊尔通过品牌延伸已经在炊具和小家电 10 多个品类的细分市场做到第一或第二的位置,在品牌延伸上积累了相当的经验和一些有效做法,但厨卫大家电始终是苏显泽董事的一块心病。苏泊尔进入厨卫大家电领域 10 多年,却迟迟不能破局,如何在市场上取得突破成为苏泊尔 2017 年必须解决的一大难题。

拓展阅读

品牌资产

　　品牌是能为顾客和公司带来很多利益的宝贵的无形资产,需要谨慎管理。基于顾客的品牌资产是差异化的品牌认知造成的消费者对品牌营销的不同反应。品牌资产来源于消费者反应的差异;反应的差异源自消费者所拥有的品牌知识,包括基于该品牌有关的所有想法、感受、印象、体验和信念,品牌必须使顾客建立强大正面以及独特的品牌联想。此外,品牌资产还包括与品牌营销相关的其他专有资产,如商标、专利、渠道关系等。在进行品牌延伸时,公司往往使用现有的品牌名称推出新产品。潜在的延伸必须判断现有品牌能否有效对新产品发挥杠杆作用,以及这种延伸反过来会对母品牌产生怎样的影响。

品牌延伸理论

　　品牌延伸(brand extension)是指企业将某一知名品牌或某一具有市场影响力的成功品牌拓展到与成名产品或原产品不尽相同

的产品上,以凭借现有成功品牌推出新产品的过程。品牌延伸并非只是简单借用已经存在的品牌名称,而是对整个品牌资产的策略性使用。品牌延伸策略可以使新产品借助成功品牌的市场信誉,在节省推广费用的情况下顺利进占市场。品牌延伸从表面上看是拓展了新的产品或产品组合,实际上从品牌内涵角度看,品牌延伸还包含品牌情感诉求的拓展。

一、品牌延伸之路

2017 年,在苏泊尔杭州总部,助理急匆匆地将梳理好的资料以及 2016 年年报放在了苏显泽董事的办公桌上,并汇报说:"苏董,明天召开的 2017 年第一次高层会议所需要的资料都已经放在这里了。这次会议除了要讨论如何进一步巩固苏泊尔在炊具和小家电市场取得的成果外,更主要的是还要讨论如何在厨卫大家电市场上取得突破。"助理汇报完之后,就走了。苏显泽一边翻阅着助理送来的资料,一边陷入沉思,脑中思绪纷飞。他突然意识到,或许应该先总结公司以往品牌延伸取得的成功经验,包括近几年来品类成功延伸的做法。如此一来,可能在其中找到一定的规律和方法,以系统顶层设计帮助公司更好地开发厨卫大家电市场。想到这里,苏泊尔品牌延伸的历史如电影一样,一帧一帧在苏显泽脑海里回放……

(一)标准更新,后发先至

20 世纪 90 年代初,苏泊尔,虽然那个时候还不叫苏泊尔,一直为当时的压力锅大佬(双喜)代工压力锅及相关配件,每年销售额差不多有 1 亿多元。可以说当时的苏泊尔完全做到了"衣食无忧",既不用为市场担心,也不用为技术操劳。然而,就在这种情况下,时任厂长苏增福主动求变,决定推出自主品牌产品。当这一消息被双喜知道后,双喜高层立即派人和苏泊尔谈判,希望苏泊尔放弃自创品牌,但苏泊尔固执地拒绝了。为避免苏泊尔崛起给自己带来威胁,双喜不但停止给苏泊尔提供压力锅代工订单,还在销售渠道上封杀苏泊尔。在这样的危机下,苏增福毅然决然于1994年成立了自己的公司,从零开始打造自主品牌。

在经历了1年左右的阵痛期后,浙江某知名报刊的一篇有关压力锅安全性的报道成功地帮助苏泊尔站在了"风口"上。文章称:旧压力锅的安全性能较差,容易发生爆炸事件,据相关部门统计,压力锅的爆炸率高达万分之四。近年来,浙江已经发生百余起压力锅爆炸致人受伤的事情,严重危害了消费者安全。一石激起千层浪,随着这篇报道广为流传,不少消费者谈"锅"色变,商家纷纷将旧标准压力锅下架。而苏泊尔却从中找到了生机,其压力锅在杭州市场上销售火爆,成为最大的赢家。

早在1992年,国家技术监督局就已颁布国家压力锅新标准,并要求于1993年1月1日开始实施。按理来说,压力锅制造厂商,包括双喜在内,应该及时响应国家要求,主动进行产品标准更新。可遗憾的是,2年多来,由于压力锅一直供不应求,很多厂商都没有采取应对措施。结果,刚起步的苏泊尔凭借新标准的安全压力锅和"双重保护,安全到家"的品牌诉求,一举打开了浙江市场,还有效扩大了自身在浙江的知名度。

依靠在浙江打下的基础,苏泊尔开始向全国进军。当时,一些压力锅生产厂商针对"许多家庭的压力锅已经超过安全期,需要及时更新"及"消费者正在使用的老标准压力锅安全隐患较大"的情况,运用以旧换新策略进行促销。但由于厂家对旧锅的折价过低,多数消费者对此持消极态度。后起的苏泊尔看准这一机会,将旧锅的折价从20元提高到60元,并在全国范围内进行促销,大大降低了消费者更换新锅的门槛。结果,此举抢走了压力锅大块市场份额,并使苏泊尔品牌突破地域限制,成了全国性品牌。在短短 2 年时间内,苏泊尔便占据了压力锅全国市场的 1/3 份额,成为国内压力锅市场上的老大。

(二)试水炊具,既销品质又售理念

1996 年,苏泊尔乘着国家压力锅新标准的东风进一步扩张,其市场份额不断提升,占据了行业的 40%。在压力锅得到消费者认可的同时,苏泊尔安全至上的产品文化、追求品质的品牌理念也深入人心。然而,时刻保持危机感的苏增福意识到:苏泊尔在压力锅行业即将遇到瓶颈,仅依靠单一的压力锅产品是无法把苏泊尔公司做大做强的;而且随着生活水平提高,消费者也逐渐意识到一家人不可能只用一口锅。于是,苏增福决定往汤锅、奶锅、炒锅等其他类型的锅做延伸,拓展锅的品类。

在当时市场上,生产汤锅、奶锅、炒锅的多为小厂商,由于资金、技术限制,其制作工艺相对较差,价格也很便宜,一口锅的价格一般只有20 元。苏泊尔希望能够像做好压力锅一样,把这些品类的锅做到最好。于是,公司特意从台湾引进了专业人才,成功将表面处理技术应用到汤锅、奶锅、炒锅等产品上,大幅度改进了产品的外观设计,提升了产品品质。这些锅一投放到市场上,就引起了强烈反响,虽然其价格是市面上同类产品的 5 倍,但还是赢得了消费者青睐。

在推出这些锅的时候,苏泊尔还针对性提出“做什么菜,用什么锅”的广告语,成功“教育”消费者:把菜做得健康且美味与使用什么锅具进行烹饪有很大的关系,即做菜要配锅,否则食品不但会在烹饪过程中流失一部分营养,甚至可能会影响饮食安全。苏泊尔品牌延伸的多产品策略,即从压力锅延伸至汤锅、从奶锅延伸至炒锅等,满足了消费者对炊具的多样化需求,成功帮助消费者实现“做什么菜,用什么锅”的愿望;同样也有效帮助渠道商提升了销售业绩,实现了“消费者买什么锅,就卖什么锅”的目标。

苏泊尔成就了消费者、渠道商,也成就了自己。经过 1996—2001 年的发展,苏泊尔在炊具行业站稳了脚跟,并将其中若干锅的品类做到了市场第一。苏泊尔优异的成绩得到了社会认可,被认定为浙江省著名商标。

可以说,这次在炊具市场的品牌延伸,给了苏泊尔很大的惊喜。依托在压力锅市场取得的突破和积累的口碑,苏泊尔从压力锅延伸到炊具,并采取工艺创新的方式破局。

在进入炊具领域之前,苏泊尔凭借其在压力锅市场的强劲表现,已经占据了市场近四成份额。同时,其安全至上的产品文化和追求品质的品牌理念也深受消费者认可。因此,从品牌特性来说,苏泊尔在全国范围内建立了一定的知名度和美誉度,即品牌延伸有了基础。然而,苏泊尔并未止步于此,而是敏锐地意识到单一压力锅产品的局限性,以及消费者对炊具多样化需求的增长趋势。于是,苏增福决定实施品牌延伸策略,将产品线拓展至汤锅、奶锅、炒锅等炊具领域。这一策略无论是在产品上还是在资源上,都保持着极高的一致性。

此外,通过竞品调研与分析,苏增福发现市场上小厂商的产品质量参差不齐,中高端炊具市场存在明显空白,这为苏泊尔的进入提供了契机。因此,在延伸至炊具领域时,苏泊尔特意引进了表面处理技术的相关人才,并将这种技术成功运用到炊具上,使得产品的外观设计和品质得到了大幅度提升。同时,苏泊尔还精准捕捉到了消费者的需求,提出了新的消费理念,并成功引领了市场潮流。这也是苏泊尔延伸至炊具领域后,能够引起巨大反响的重要原因。

(三)转战小家电,第二次品牌延伸

2003 年,少东家苏显泽正式接掌帅印。父亲苏增福在炊具领域取得的优异战绩,他看在眼里,喜在心里,但他没有被这些成功限制前进的步伐,而是希望大展拳脚,开拓新疆域。苏显泽认识到彼时炊具市场已处于成熟期,竞争相对激烈,销量增长逐步趋缓,只有拓展更多领域和更大市场才能支撑起公司的持续发展。于是,他将目光瞄准了小家电市场。

苏泊尔在进入小家电市场前,对小家电行业进行了广泛调查和研究,发现小家电行业有巨大的市场空间,而且一部分炊具也正在被电器所取代。相比于炊具,小家电有许多独特的优势。首先,凡是过去炊具的功能,小家电几乎都具备,更为关键的是,部分小家电能够定时控制,即使人不在小家电旁,也没有任何危险。其次,小家电有明显的价格优势,而且外形相当美观,不少家庭甚至把小家电当作装饰品。最后,在当时的小家电市场,品牌知名度较高的只有美的。除此之外,虽有很多小厂商,但其缺乏品牌,缺乏专业人才,缺乏核心技术,并没有形成一定的竞争力。换句话说,当时的小家电市场并没有进入品牌竞争时代,还是以低水平价格竞争为主。因此,苏泊尔选择在这样的时机进入小家电市场是非常恰当的,赢的机会非常大。

苏泊尔采用了一部分产品由其他厂家代工生产(即OEM),另一部分产品自主生产的模式。因为有部分产品是委托其他厂家生产的,所以相比于竞品,在品质上并没有太大优势,产品也没有太大的差异,因而小家电并没有像压力锅等炊具一样在短时间内引起市场的强烈反响。既然公司缺乏技术积累,无法通过技术实现产品创新,那么在营销上发力就成了制胜的关键。为此苏泊尔专门组建了7个人的营销团队,负责小家电的市场营销。营销团队运用压力锅、炒锅等品牌运作积累的经验,主要从终端入手,将终端产品展示做得非常漂亮,引起了消费者的关注,从而成功推动了小家电产品的销售。在5年不到的时间里,苏泊尔小家电的销售规模从2002年的1亿元增长到2006年的10亿元,增长了9倍。

对苏泊尔而言,有了第一次品牌延伸的成功经验,这次从炊具延伸至小家电,似乎已经驾轻就熟。

首先,相比于1996年,此时的苏泊尔品牌得到了有效发展,消费者不再把苏泊尔看成压力锅的代名词,而更多地将其看作品质的保障,即苏泊尔品牌的美誉度有了大幅度提升。这就意味着,苏泊尔品牌已经具有足够的能力为新产品背书,并可以有效地将品牌的品质承诺转移到新产品上。其次,炊具和小家电互为替代产品,其产品契合度较高,而且从技术角度看,二者虽然在生产工艺上存在一定差异,但在炊具领域所积累的核心技术可以直接应用到小家电上,即资源有一定的契合度。最后,通过对市场的深度调研分析,苏泊尔还意识到当时的小家电市场并没有进入品牌竞争时代,还是以低水平价格竞争为主,选择在这样的时机进行小家电市场的品牌延伸,胜算极大。

但刚进入小家电市场时,苏泊尔的产品和竞品相比,没有太大的差异。这就促使苏泊尔换了个思路,选择在营销上做足功夫,并专门组建了7个人的营销团队,从终端入手,将终端展示做得非常漂亮,成功引起消费者的关注,以此推动小家电产品的销售,成功进行了第二次品牌延伸。

需要注意的是,营销破局的前提在于原品牌具备相当的影响力,而且原品牌的优势能够很好地转移到延伸产品上,否则消费者对延伸产品的认可度也不会高。

（四）大牌齐聚,破局乏力

在前两次品牌延伸取得巨大成功的基础上,苏泊尔进一步对厨卫家电品类进行扩充,进行了第三次品牌延伸,从小家电延伸至厨卫大家电。在登陆深交所的第2年(即2005年),苏泊尔在杭州、武汉的两大基地正式投入运营,并开始生产吸油烟机、消毒柜、饮水机、净水器等厨卫大家电产品。2006年,厨卫大家电公司正式成立,标志着苏泊尔正式进军厨卫大家电市场。

有关部门在 2007 年发布的厨卫大家电市场报告表明:近年来中国厨卫大家电的市场销售量保持 30％ 的增长,而且发展趋势良好。在这庞大需求的刺激下,众多大佬级别的公司,如海尔、美的、长虹等纷纷宣布进军厨卫市场。其中,长虹的举动颇引人关注,其在短时间内推出了吸油烟机、燃气灶、消毒柜等七大系列 20 余款新品,和苏泊尔产生了直接的竞争关系。方太电器则专注于集成厨房、吸油烟机、燃气灶具、电磁灶具、消毒碗柜、燃气热水器等几个领域,其行业顶尖技术使得高端油烟机、燃气灶、消毒柜销量连续 10 年遥遥领先。同时,从 2007 年开始,方太先后与万科、绿地、绿城等全国近 60 家房地产商达成战略合作,成为其首选的高端厨电产品供应商。此外,国外公司也开始进入中国厨卫行业,如西门子、松下等,并声称要做中国厨卫行业的领导者,这也给苏泊尔带来了一定的竞争压力。

厨卫市场虽然快速增长,但远远没有形成稳定的市场格局,甚至可以说厨卫市场整体混乱,小公司杂多,也缺乏相应的统一行业标准。然而,伴随着大佬级别的公司进入厨卫市场,它们依靠原有品牌所积累的知名度和美誉度一举攻下了中高端产品线。2007 年,发展历史与生产规模都在业内首屈一指的老板电器发布国内首台顶级奢华型吸油烟机,引起业内追捧;2008 年又在上海环球金融中心发布双劲芯系列吸油烟机,引领中国吸油烟机进入 17 立方米超大排风量时代。相比较于大佬级别的公司在大家电行业深耕多年,苏泊尔在此领域并没有品牌优势,更为关键的是,由于消费者对苏泊尔的认知仅限于炊具、小家电板块,其在这两个市场所积累的品牌优势很难转移到厨卫大家电上。招商证券某研究报告显示,苏泊尔于 2008 年投产越南基地,生产炊具超过 100 万件,2009 年,苏泊尔越南市场的炊具销售同比增长超过 50％。相比之下,大家电销售同比增长只有 7％,远未达到预定目标。这样的市场表现,其实反映出苏泊尔当时面对大家电市场,对产品、产品线和渠道的把控都不成熟,需要重新定位调整。此外,众多大佬级别的公司纷纷进入厨卫大家电领域,对消费者而言,既然有更好的品牌选择,为什么要选择苏泊尔呢?因此,苏泊尔在2006年进入厨卫大家电市场没有达到预期目标。

是什么让苏泊尔遭遇了如此大的"滑铁卢"?通过与过去成功延伸的目标市场特性的比对分析,可以明确,苏泊尔在厨卫大家电品牌延伸上首次尝试失败,主要是自身产品和资源的契合度缺乏以及延伸市场的不利状况共同导致的。

就产品契合度而言,苏泊尔过去专注于炊具、小家电市场,其产品特性、功能与厨卫大家电有较大差异,相应地,在炊具市场和小家电市场积累的品牌效应也不足以为苏泊尔在厨卫大家电市场的拓展背书,即无法利用原有的品牌效应。在资源契合度方面,苏泊尔在技术创新和营销推广方面都没有明显的优势。厨卫大家电领域不同于小家电领域,其准入门槛较高,对企业的核心技术也有较高要求。苏泊尔并没有掌握核心技术,而老板等厨卫大家电行业的头部企业,则依靠顶尖的核心技术,推出一系列高端产品,成为厨卫大家电领域的一线品牌,占据大量市场份额。除此之外,苏泊尔在营销推广方面也不具备优势,小家电和厨卫大家电的差异远大于炊具和小家电的差异,营销团队无法利用在小家电市场积累的有限经验,同时对产品、产品线和渠道的把控也都不成熟,因此需要重新调整定位。

厨卫大家电市场尽管同样处于成长期,市场需求不断扩大,发展趋势良好,但在国内外众多大佬级别的公司依靠其品牌效应与公司实力纷纷展开激烈竞争情况下,苏泊尔相形见绌,并且由于厨卫大家电产品的价格通常都在1000元以上,消费者在购买时往往更加谨慎,更乐于购买知名大品牌的产品,苏泊尔难以获得消费者的认可。在各方面不利因素的综合作用下,苏泊尔在厨卫大家电市场的品牌延伸受挫是在情理之中的事。

（五）启用新标,品牌再造

苏泊尔虽然短时间内无法在厨卫大家电市场破局,但在炊具和小家电市场都取得了骄人战绩:2006年,公司实现主营业务收入20.79亿元,比上年同期增长41.46%,其中小家电销售收入比上年同期增长62.00%,炊具销售收入比上年同期增长34.00%;2007年,公司虽然面临生产要素价格上涨等一系列宏观因素的影响,但仍然保持了快速增长的发展势头,实现营业收入29.34亿元,比2006年增长41.13%;2008年,在全球金融危机爆发、生产资料价格剧烈波动等外部经营环境发生变化的巨大考验下,公司积极应对,较好地达成了年初既定的经营目标,保持了快速增长势头,实现营业收入36.22亿元,比2007年增长23.45%。然而,在这样快速发展的势头下,品牌部却提出了一个出人意料的想法:希望苏泊尔重新设计品牌标识。品牌部认为,自2004年开始使用的上黄下黑结构的标识由于其兼容性不强,而无法承载未来商业的变化。苏显泽对此极其重视,在短时间内召开了关于是否换标的讨论大会。

在讨论大会上,品牌部与其他部门展开了激烈辩论。其他部门的人反驳称:目前使用上下结构标识,不是很好吗?每年保持着快速发展,而且品牌的知名度和美誉度都不错,为什么要换标呢?对一个品牌来说,启动换标并不只是简单地将公司的标识换一下,而是一项非常庞大的工程,这不仅意味着整个公司在形象上有一个大的切换,还意味着整个终端也必须切换,试想整个终端所有的物料都换一遍需要多大的成本,而且还需要对新标的使用者进行培训,告诉他们新标的每一个细节是什么样的,在应用的时候需要注意什么,这又是一大笔资金支出,而上述这些费用都可以节省下来归为公司利润。暂且不谈换标的支出,能保证换标就一定能够取得成功吗?

品牌部认为品牌管理是讲究先机的,要提前为未来布局,如果未来已然来临,还未做出改变,公司将措手不及。在过去的几年里,苏泊尔经历了上市、并购等一系列重大的事件,已累积了一些问题:苏泊尔的核心理念是什么? 品牌定位是什么? 如何去管理苏泊尔的品牌? 如果不去梳理品牌文化,那么无论是产品开发,还是宣传沟通都会没有重点,因此希望把品牌有关内容贯彻到公司的方方面面,而从品牌标识入手也许是一个不错的选择。

任何事情都只能在做了之后,再去判断它能否取得成功。其实,品牌部提出换标也是非常不容易的,公司最终还是毅然决然地更换了标识。2009 年 7 月,苏泊尔正式宣布启用新标识,也采用了新的品牌口号:演绎生活智慧。

新标识一改原标识的上下结构,采用左右结构,并巧妙地将"智慧之门"融入品牌设计之中,向消费者传达了"智巧"的品牌价值。标志以橙色的中英文字体为主,既稳重又朗朗上口;注重设计细节,既给人信赖感又给人亲和力。整体而言,相比于旧标识,苏泊尔品牌的新标识更加大气,也有更好的品牌包容度(如图 2-1 所示)。

(a) 苏泊尔新标识　　　　　　(b) 苏泊尔旧标识

图 2-1　苏泊尔新旧标识对比

新标识的发布,是苏泊尔品牌发展史上的重要里程碑。自此,苏泊尔提出自身的品牌价值,即以"智巧"为核心,为消费者提供值得信赖的产品,满足消费者对舒适生活的需求,也由此搭建了属于苏泊尔的品牌管理体系。

拓展阅读

产品定位与顾客价值理论

产品定位要回答三个问题:为谁做(目标客户定位)、做什么(顾客价值定位)、做到什么程度(目标定位)。其中,为谁做要求创造性地划分顾客群体的细分市场,做什么是企业基于目标顾客的需求确定产品和服务的顾客价值,做到什么程度既要基于企业的愿景目标和市场竞争情况,又要基于企业的能力和资源。顾客能够获得怎样的价值,取决于企业让渡怎样的产品价值。企业让渡价值的方法通常有四种:按所销售的产品与服务来定义自己的业务;针对客户群的需求来定义业务;根据价值链的环节来定义业务;根据企业的关键资源与能力来定义业务。

(六)瞄准市场空白,逆势上扬

2014 年,苏泊尔依靠 SEB 的技术和设计优势推出吸尘器、空气净化器、挂烫机、电熨斗等四类环境家居,正式宣布进军环境家居市场。2015 年,苏泊尔正式成立环境家居事业部。

以空气净化器为例,随着人们对空气质量的日益重视,空气净化器也成了日常生活用品之一。相关数据显示,近年来中国空气净化器市场年增长率超过 20%,而且发展趋势良好。

从公司竞争格局来看,国内厂商目前主要在中低端市场徘徊,产品售价在 2000 元以下,品牌众多,竞争混乱。然而,随着生活水平提升,消费者更愿意选择价格相对较高、净化效果相对较好的高端机型,价格为 3000—5000 元。而这一价格区间,国内品牌市场占有率较低,主要以美、日、韩的进口品牌为主,如 3M、大金、三星、飞利浦、松下、艾吉森、霍尼韦尔等,即外资品牌在高端发力,而国内品牌寥寥无几。国际大品牌的进入,不论是在技术还是做工上,都对空气净化器市场产生了深远影响。例如,艾吉森 ATP HEPA 抗菌肽技术,就在"非典"疫情防控时期被国家指定用在防疫防护产品中,对当时"非典"疫情控制起到了重要作用。当时,国家工商部门登记在册的空气净化器品牌有520 多个,真正在市场销售产品的品牌只有不到 40 个。进口空气净化器占到国内市场的 70%,单个品牌最大的市场占有率达到 12%。

从零售量和零售额来看,1000 元左右的空气净化器是市场上消费者购买的主流产品,大约占市场总销量的 50%,但零售额不到20%;而 3000 元以上的空气净化器,由于更智能且功能也更丰富,其销售量虽然只占市场总销量的 30%,零售额却超过 50%,并且中高端机型的销量在近些年来保持稳定上涨。从市场竞争格局来看,空气净化器市场呈现"两端高、中间低"的情况,即在中高端市场存在明显的空白。此外,广发证券研究报告预测,2017—2021 年,空气净化器销量和销售额(机器+耗材)的复合年均增长率将分别达到 17.8% 和20.8%;到 2021 年,空气净化器市场的销售量有望达到 985 万台,销售额达 431 亿元。不过,我国空气净化器产品销量虽然增长快速,但普及率依然偏低,仅为 0.1%,而美国、日本空气净化器产品普及率分别为 27% 和 17%。业界预测,未来几年,空气净化器产品有望成为继彩电、冰箱、空调、洗衣机之后国内家庭的第五大家电产品。

面对火爆的空气净化器市场,苏泊尔巧借 SEB 的技术推出了"显微净"空气净化器。它采用独有的甲醛捕获技术,可以彻底地将甲醛分解为无机物和水,从而有效避免甲醛二次污染问题。苏泊尔采用专利技术推出空气净化器可谓是独树一帜,引得竞品在第一时间跟进,同时也得到了消费者的认可。在空气净化器行业洗牌之际,苏泊尔的空气净化器逆势上扬,取得了良好发展。

在延伸至环境家居前,苏泊尔已经成长为炊具和小家电行业的领先者,其品牌在 2012 年和 2013 年连续获得 Superbrands"中国消费者最喜爱品牌"大奖,这足以说明苏泊尔已经是强势品牌。然而,从延伸产品与原品牌产品的关系来看,环境家居是厨房以外的领域,这和苏泊尔以往专注于厨房生活产品的策略并不一致,也就意味着环境家居和厨房产品无论是产品契合度,还是资源契合度,都相对较低。那么,为什么苏泊尔将产品延伸至厨房以外的环境家居领域取得了成功?

从市场角度来看,2014 年,环境家居行业已经呈现出相对稳定的竞争格局,美、日、韩品牌占据着高端市场,国产品牌占据着中低端市场,即在高端市场存在国内品牌的空白,这恰恰给予了苏泊尔成长空间。最为关键的是,苏泊尔巧借 SEB 的技术,使得苏泊尔推出的吸尘器、空气净化器、挂烫机、电熨斗等四类环境家居在市场上独树一帜,其技术优势明显领先国内品牌。

除此之外,苏泊尔还采取了一定的营销手段,使消费者认识到其在环境家居上的技术优势。就这样双管齐下,助力环境家居市场品牌延伸取得成功。

二、品牌延伸新招迭出

(一)突破式创新,球釜 IH 电饭煲

2010—2012 年,中国电饭煲市场的品牌关注格局基本保持一致。美的、苏泊尔、松下三大品牌累积关注度占近七成。位于第一阵营的美的连续 3 年获得品牌关注度冠军,占比近四成。苏泊尔和松下占据第二阵营,其中,苏泊尔品牌关注度稳中有升,从 2010 年的 16.8% 上升至 2012 年的 18.2%;松下品牌关注度稳定在 12% 左右。第三阵营有七大品牌角逐剩余 30% 的市场份额,竞争十分激烈。

2011 年,苏泊尔推出行业首款 IH(电磁加热)电饭煲,虽然苏泊尔通过广告"小明回家吃饭篇"来告诉消费者——电饭煲是电磁加热的,但是消费者对此的认知度并不是很高。2013 年,苏泊尔首创球釜 IH 电饭煲,但在和消费者沟通上陷入了困境。在这之前,苏泊尔几乎试

过了所有的营销手段,也梳理了竞品所采取的营销手法,发现基本雷同。于是,苏泊尔从球釜 IH 电饭煲和普通电饭煲的差异点入手,发现二者最大的差异体现在内胆上,而球形内胆能够带来什么好处呢?即柴火饭。在确定使用柴火饭这一概念之前,苏泊尔原本打算使用"香弹软糯甜"等描述米饭好吃的词语,来说明球釜 IH 电饭煲最大的优点,但没人能够记住。即使有人记住,其回忆度也不高,2011 年推出 IH 电饭煲失败正是因为如此。之所以确定使用柴火饭的概念,是因为苏泊尔认为虽然并不是每个人都对这个词有一定的理解,但对于大部分 80 后和 90 后的人来说,柴火饭是一个比较有意思的东西;对于大部分 60 后和 70 后的人来说,柴火饭则是美好的回忆。同时,苏泊尔为了突出内胆的差异,决定在命名上采用"釜"(即锅的前身)来将其强化出来,而当时只有日本有这样的说法。虽然担心消费者可能无法接受"釜"这个概念,但苏泊尔还是决定从命名上开始改变,因为内胆是电饭煲的核心,既然最大的差异体现在电饭煲的内胆上,那为什么不从命名上加以强化呢?

除此之外,在推出球釜 IH 电饭煲之际,苏泊尔还赞助了《舌尖上的中国》,并邀请该纪录片的拍摄团队拍摄了一个短片,叫《舌尖上的柴火饭》,没有植入任何品牌信息,只是想通过这个片子来传达柴火饭给人带来的美好。

能做柴火饭的球釜 IH 电饭煲推出后,引起了业界对球形内胆的高度关注,柴火饭的概念也深受消费者的喜爱与认可,由此一举奠定了苏泊尔在电饭煲中高端市场的领导地位。可以说,技术创新和营销创新让苏泊尔在电饭煲领域取得了持续成功。

(二)坚持品质,占领电热水壶市场

电热水壶凭借便捷、节能、环保的优点,受到了一大批消费者的青睐,也逐渐成为家庭饮水的重要装备之一。同时,伴随着家庭电热水壶的普及,其更新换代催生的市场需求推动着电热水壶市场发展。在双重因素作用下,电热水壶市场保持着快速而稳定的增长。2015年,电热水壶的零售量接近3400万台,2016年突破4000万台,保持着逾20%的年增长率。

在电热水壶市场,国内品牌凭借其在技术和渠道上的优势占据了90%以上的市场份额。然而,电热水壶的技术壁垒相对较低,小厂商、杂牌军众多,导致电热水壶在市场上的价格和质量参差不齐。随着消费者品牌意识增强,美的、苏泊尔、九阳三家的品牌优势愈加明显,其品牌集中度明显提高,由2015年的73%上升至2016年的78%,而且保持稳定的上升趋势,这就意味着中小电热水壶品牌正面临着残酷的洗牌。

从价格上看,电热水壶的市场价格处于中低端,八成以上的电热水壶售价为99—169元,规格则是1.2—1.8L,主流品牌大多使用201不锈钢材,又称高锰钢,其以锰替代镍,可以有效地降低厂商的成本。当然,也有部分公司采用304医用级不锈钢材,但内无钢印。苏泊尔的电热水壶,一直采用304医用级不锈钢材打造无缝内壁,而且内有钢印,其销售价格在200元左右,可以说是电热水壶中的中高端产品。

2016年3月,一篇有关电热水壶锰超标的文章在朋友圈广泛流传,文章声称:根据江苏省质量技术监督局发布的2016年电水壶产品风险监测质量分析报告,高锰钢的电水壶容易析出重金属锰,危害人体健康。此文章一出,电热水壶在短时间内被推到风口浪尖,虽然有关专家在第一时间对此进行了辟谣,但该事件使得消费者对304医用级不锈钢材的认知有了大幅度提升。

电热水壶锰超标事件爆发之后,迅速引起了社会各界的关注和热议,大批消费者担心自家电热水壶存在安全隐患,纷纷开始升级换代,而在当时的电热水壶市场上,只有苏泊尔一家的产品有304医用级不锈钢材的钢印,由此苏泊尔电热水壶在短时间被抢购一空。竞品虽然在第一时间跟进,但对一家公司而言,增加钢印并不是一个简单的举措,这就给了苏泊尔充分爆发的时间。可以说,苏泊尔是电热水壶锰超标事件最大的受益者,1年时间差不多提升了4%的市场份额。正是苏泊尔对品质的坚持,使得其在电热水壶行业取得了巨大的提升。

(三)创意延伸,苏泊尔星空水杯

喝水是人们日常生活中最常见的事情之一,水杯也就成了人们生活的必需品。随着对生活用品的要求不断提高,人们对水杯的认知不再局限于喝水,对水杯的样式和功能都提出了更高的要求。同时,伴随着水杯的智能化和功能化发展,其时尚性得到极大加强,甚至可以说水杯已经成为一种"泛时尚"产品。而"泛时尚"产品的特点之一就是快速更新与迭代,水杯的生命周期大幅缩短,从而刺激了消费,推动了水杯行业快速发展。2015年,我国各种杯子的市场销售规模达到700多亿元,并且还有进一步增长的趋势。

苏泊尔在进入水杯市场之前,对水杯行业进行了广泛的消费者和竞品调查,发现水杯行业存在着巨大的发展空间。一方面,水杯是生活必需品,消费者对于那些精心设计、功能多样化的水杯并不十分在意其价格;另一方面,中国很多中产阶级用的水杯往往是膳魔师、虎牌、象印等国外品牌,然而由于渠道限制,这些品牌的水杯在中国的市场覆盖率并不高,也就影响了其在中国的品牌知名度。而国内,即使是哈尔斯这样的行业领先者,也更多地把水杯做成一个功能性产品。换句话说,这时国内的水杯品牌没有时尚度,即水杯市场存在一定的市场空白。除此之外,上述国内外水杯品牌还面临着消费者对其缺乏认知的窘境。简言之,水杯市场虽有众多竞争者,但缺乏强有力的品牌领导者。水杯市场既存在市场空白,又没有品牌领导者,那么,为什么苏泊尔不来做国内水杯品牌的领导者呢? 于是,苏泊尔在2015年开始筹备水杯产品的上市。

　　由于水杯很难在功能上实现差异化，苏泊尔决定将水杯做成"泛时尚"产品，重点在款式与外观上实现差异化，这和炊具、小家电的打法存在较大差异。苏泊尔开始思考：怎么让时尚的概念被消费者接受？进一步细化，谁引领着时尚的潮流？是明星！于是，苏泊尔决定采用明星代言的方式来推广水杯。

　　选谁来代言呢？这又是一个困扰苏泊尔的难题。苏泊尔梳理了其品牌形象，发现在消费者眼中，自己的品牌形象是一个成熟稳重的中年男性，是一个工程师，是一个专家，由此决定找一个成熟稳重的中年男性来作为其水杯的代言人。在筛选代言人的过程中，苏泊尔首先找了胡歌，发现其代言价格比较高，而且在2016年代言了众多产品，以至于消费者并不清楚其代言了什么。更为关键的是，胡歌身上的星光会压住品牌，而这就会失去品牌代言的意义。后来，苏泊尔又去找了黄轩。虽然黄轩在之前演的影视作品中基本上都不是男一号，但看了他之后的工作安排后，苏泊尔发现其正处于事业上升期。此外，黄轩当时虽然已经30岁了，但一眼看去还是"国民初恋"。更重要的是，黄轩有一种儒雅的文艺气质。了解黄轩的人都知道，他在生活中是一个文艺青年，是"暖男"，这样的人往往耐力十足，虽然不会在短时间内走红，但他一定走得很稳。并且，这种稳和苏泊尔的品牌调性是一致的。看准状况慢慢走，苏泊尔在很多项目运行上都是如此。综合考虑明星形象与品牌之间的关系、价格以及未来的发展前景，苏泊尔决定请黄轩成为苏泊尔水杯的代言人。

　　既然请了明星代言，那在什么渠道进行推广是最合适的呢？互联网！苏泊尔利用黄轩的粉丝效应，在互联网上进行引爆。在代言广告中，苏泊尔讲述了一个人从恋爱到结婚，再到七年之痒的故事，而后结合苏泊尔水杯提出"习惯有你在"的品牌主张。在这个故事里，黄轩依旧被塑造成"暖男"形象，符合其在粉丝心中的人设。透过粉丝对黄轩的喜爱，代言广告传达出一种寄托，希望消费者能够在人生中找到值得信赖的伴侣,正如苏泊尔品牌值得信赖一样。由此,消费者就会不自觉地去推广苏泊尔品牌。

通过创意营销,苏泊尔水杯成功占据了水杯行业前三的市场份额,而且发展前景良好。可以说,这种成功得益于苏泊尔强大的营销能力与文化营销的创新做法。

苏泊尔在水杯市场成功进行品牌延伸,是因为苏泊尔优异的表现已经得到社会广泛认可,它值得信赖的品牌形象已经深入人心。换句话说,消费者不再把苏泊尔品牌局限于产品效用,更多的是情感效用,这大幅提升了苏泊尔品牌的拓展性。虽然从延伸产品与原品牌产品的市场类别来看,水杯与厨房的关联度并不高,但从品牌定位来看,水杯作为日常生活的必备,也符合其"演绎生活智慧"的品牌定位。当消费者对品牌的认知源于情感效用时,延伸产品只要符合其品牌定位,也可能取得成功,即使延伸产品与原品牌产品的市场类别的相关度不高。

三、坚持还是放手?

时光转眼飞逝,到 2017 年,厨卫大家电行业逐渐发展成熟,在市场上形成了由强势品牌主导的、稳定的竞争格局。以吸油烟机为例,2016 年,国内吸油烟机市场零售额达 81.6 亿元,零售量为 283 万台,其中国内品牌的零售额和零售量均占据了该市场总额的 90% 以上。相比于 2006 年,2016 年吸油烟机市场的品牌格局更加明显,走高端路线的老板、方太稳居一线,其零售额均接近 20 亿元,而同样走高端路线的华帝仅有 7.5 亿元的零售额,被老板和方太远远地甩开。走性价比路线的美的零售额达 7.7 亿元,在市场上排名第三。在这样的情况下,苏泊尔内部就能否在厨卫大家电行业破局进行了激烈讨论。

市场部认为,在一种产品比较成熟的情况下,一个新的品牌想要

通过品牌延伸攻入该市场的成功概率很小,因为已有的稳定强势品牌
势必会采取一定的保护措施抵抗新进入者。而且,吸油烟机是耐用消
费品,人们最少也要等上几年才可能更换。更何况,消费者在第二次
购买时,选择之前使用过的品牌产品的可能性非常大,此时苏泊尔要
在吸油烟机市场寻找一个突破口是极其困难的。同时,尽管苏泊尔在
其他领域的品牌延伸中都取得了不错成绩,但就苏泊尔当前的实力而
言,业务线过长对其发展并不是一件好事,受制于消费者认知、品牌知
名度和美誉度等因素影响,仅依靠原品牌的效应并不能确保支撑起苏
泊尔厨卫大家电的品牌。此外,苏泊尔在核心技术上相对欠缺,而激
烈的市场竞争意味着前期通过单点优势占领市场的契机已经不复存
在,厨卫大家电的综合竞争优势必然需要建立在多方面创新的基础
上。因此,苏泊尔只有耗费大量资源,进行大量投入,才有可能勉强在
厨卫大家电市场分得一杯羹。这一观点遭到了品牌部的强烈反对。

　　品牌部主张,尽管进入厨卫大家电市场看似困难重重,但并不意
味着机会渺茫。厨卫大家电行业的巨头之一方太,在进行二次创业时
所面临的市场环境和现在的苏泊尔很相似——当时吸油烟机市场上
强手林立,已经基本形成帅康、玉立、老板三个品牌垄断的局面。方太
想要跻身其中无异于虎口夺食,而且当时 3000 万元的巨额投资不是
小数目,弄不好便会倾家荡产,让方太陷入更深的危机中,由此很多人
反对二次创业。但是方太没有放弃,企业高层通过 3 个月的市场调查
和科学分析获知:进口的吸油烟机并不适合中国市场,而国内的吸油
烟机又有诸多缺点。在确定了二次创业的目标后,方太又开始琢磨产
品的市场定位,并做了一次调查。当时全国已有三四百家企业生产吸
油烟机,但都集中在中低端这片红海中,还没有企业走高端市场战略路
线。就这样,方太决定运用蓝海思维,最终确立走"技术高档次、质量高
标准"的后发制人高端路线。而这,不正说明面对强者林立的市场竞争
环境,还能够通过战略眼光、技术手段实现突破吗?加上与过去相比,苏

泊尔还积累了更加丰富的品牌延伸和市场开发经验与策略。

另外,就市场而言,同样以吸油烟机为例,虽然 2016 年国内吸油烟机市场有 13 个品牌的零售额在 1 亿元以上,但除了上述四大品牌以外,其他品牌的零售额都在 2 亿元左右。从价格来看,方太和老板在 4000 元以上,美的在 3000 元以下,而在 3000—4000 元的价格段上,几乎没有品牌。这就意味着,从竞争格局来看,吸油烟机市场就像 2014 年的空气净化器市场一样,呈现"两端高,中间低"的情况,即在中高端存在着市场空白。苏泊尔或许可以沿用环境家电的破局方式来指导厨卫大家电破局。

还有一点需要注意的是,我国厨卫大家电市场起步较晚,参考冰箱普及历程可以发现,当前吸油烟机的销量规模仅相当于 2007—2009 年期间的冰箱内销规模,且 2015 年城镇、农村家庭吸油烟机保有量水平分别仅相当于 1996 年及 2003 年的冰箱保有量水平,据此判断,厨卫大家电行业发展滞后冰箱行业接近 10 年。参考冰箱行业过去 10 年的增长趋势,品牌部认为厨卫大家电未来 10 年的发展值得期待。所以,如果苏泊尔能够成功打开厨卫大家电市场,获得的回报将是惊人的。

技术部则认为,依靠 SEB 雄厚的技术实力,有信心在厨卫大家电的创新上实现突破。同时,多次品牌延伸的成功经验,球釜 IH 电饭煲、时尚水杯等产品成功的输出模式,都在很大程度上为厨卫大家电市场的开拓发展奠定了基础。局势或许并没有市场部所说的那么严峻。

站在十字路口,对于厨卫大家电市场到底该坚持还是选择放手?众说纷纭。

从目标市场结构分析模型来看,在市场需求方面,厨卫大家电已经由原来的成长期发展到现在的成熟期,呈现出明显的品牌竞争格局,存在稳定的强势品牌,这和 2014 年苏泊尔延伸至环境家电市场的情况相似，也就意味着苏泊尔应通过技术创新和营销沟通方式创新的策略来指导厨卫大家电破局。

此外，对于苏泊尔而言，厨卫大家电仍然是一个相对陌生的行业，在短期内采取跟随策略是最稳妥的选择。然而，对于志在成为厨卫大家电行业领导者的苏泊尔而言，跟随只不过是短期策略，要想在厨卫大家电行业进行有效突破，在核心技术或换代技术上取得突破是关键。这就决定了苏泊尔必须加大在厨卫大家电方面的研发力度，同时依托 SEB 的相关技术，实现产品在技术上的优势，如增加吸油烟机智能功能、根据油烟大小自动调节风量达到节能降噪目的、定期自动清洗技术、引入 AI 等。在技术研发层面，还需要优化开发流程体系，提升开发效率和效益，思考如何将 SEB 的研发资源本地化，加速将压力锅代工转为自主生产，充分利用原有的生产制造优势。

核心技术创新固然是有效的破局路径，但从厨卫大家电行业来看，大多数厂商多采用代工生产的方式，其技术差异不大，这就意味着厨卫大家电的差异体现在品牌上，如：定位中高端产品，结合母品牌创造概念，打组合套餐和智能联网等概念；将品牌内涵提升到文化和个性层面，成功进行品牌延伸；与 BMW（宝马）公司合作，引入安全、高端等概念，加强顾客认知；等等。因此，苏泊尔要想突破厨卫大家电市场，还需在宣传和传播上发力，在线上进行直播、社交平台推广、热门IP 植入，线下积极打造生态链、拓宽营销合作渠道，例如：重点突破建材专业卖场渠道，锁定房地产通路，加强终端管理体系和直营管理体系，整合现有渠道资源，建立"经销商渠道＋建材店中店＋直营门店＋3C 主流渠道"的多元结构渠道策略；打破均一化促销降价吸引流量的模式，提升营销转化率；建设具有拓展力的营销团队，特别是从外部引进具有厨卫大家电营销经验的人员，以点带面，转变原有营销人员只有小家电营销经验，而缺乏大家电营销经验的局面；提升原有经销商的转换能力和速度，开发新的经销商，发展下游事业部；利用原有渠道进行全方位渠道资源支持,如购买大家电赠送小家电、联合促销、通路协作、情景共享等。这就意味着苏泊尔不仅在产品研发创新上要有巨大投入,而且必须在延伸产品上花费大量的营销费用,才有可能形成独特的品牌竞争力。决策者需要思考的不是能不能做的问题,而是值不值得做的问题。苏泊尔决策者可以从投入、风险两个维度去思考,如表 2-1 所示。

表 2-1　品牌延伸价值二维分析

投入	风险	
	低风险	高风险
低投入	高价值品牌延伸(炊具、小家电、水杯)	短期价值品牌延伸
高投入	长期价值品牌延伸(环境家居)	低价值品牌延伸(厨卫大家电)

目标市场吸引力和品牌契合度主要影响品牌延伸的风险,目标市场环境与资源能力的匹配度主要影响品牌延伸的投入。有实力大企业的品牌延伸选择次序为:高价值品牌延伸、长期价值品牌延伸、短期价值品牌延伸、低价值品牌延伸;而实力较弱企业的品牌延伸选择次序可能是:高价值品牌延伸、短期价值品牌延伸、长期价值品牌延伸、低价值品牌延伸。

回顾苏泊尔第三次品牌延伸,即从小家电延伸至厨卫大家电,失败的主要原因是延伸产品与原品牌之间的契合度相对较低,资源与能力的匹配度也不高,属于低价值品牌延伸。然而,经过 10 多年发展,苏泊尔已经成长为中国知名的炊具、小家电研发制造商,其值得信赖的品牌形象也深入人心。相较于 2006 年,苏泊尔品牌已经有了长足发展,消费者认为苏泊尔提供的更多的是"值得信赖"的情感效用,而非具体产品品类的产品效用。换句话说,苏泊尔品牌已经有一定的能力来背书厨卫大家电,并产生影响力。

如此看来,经过近 10 多年发展,厨卫大家电行业转入成熟期,品牌竞争格局愈发成熟,行业标准也逐渐统一,整体市场品牌延伸吸引力在下降。企业能力与资源虽然有提升,然而此消彼长,要成功突破的概率并没有提高多少。在这种情况下,苏泊尔只有找到延伸条件更好的目标市场,才能充分利用企业现有的资源和实力,实现成功的品牌延伸。选择好的目标市场是关键,如一线城市竞争激烈,可以适当在二、三级市场和城镇化较快的农村地区倾斜资源抢占终端,更进一步地,集中资源布局非洲或东南亚市场,可能是更好的选择。

拓展阅读

目标市场选择理论

市场是一个综合体,是多层次、多元化的消费需求集合体,任何企业都无法满足所有的需求。企业应该根据不同需求、购买力等因素把市场分为由相似需求构成的消费群,即若干子市场,这就是市场细分。企业可以根据自身战略和产品情况,从子市场中选取有一定规模和发展前景,并且符合公司目标和能力的细分市场作为目标市场。目标市场是指企业从细分后的市场中选择出来的决定进入的细分市场,也是对企业最有利的市场组成部分。选择目标市场,明确企业应为哪一类用户服务,满足用户的哪一种需求,是企业在营销活动中的一项重要策略。企业在选择时需考虑五个方面的主要因素,即企业资源、产品同质性、市场同质性、产品所处的生命周期阶段、竞争对手的目标市场战略。

四、壮志踌躇

想起大家的争论,苏显泽一时也难以做出抉择。

客观地讲,通过对苏泊尔五次品牌延伸实践的总结,用四个维度指标对延伸产品目标市场进行分析与评价,再根据五分制进行赋分,可以对延伸产品目标市场进行精准评估,如表 2-2 所示。其中,"＋5

分"表示条件非常有利于品牌延伸,"＋4分""＋3分""＋2分"则表示条件的有利程度逐渐降低。因此,当四个维度条件均较为有利时,即得分普遍较高(如"＋5分"或"＋4分"),这类延伸被称为机会型延伸;当在一个或几个维度条件上缺乏优势时,即得分较低(如"＋3分"或"＋2分"),这类延伸被称为实力型延伸。

表 2-2 延伸产品目标市场评估

延伸市场	市场需求(5分)	行业标准与门槛(5分)	自主知识产权与核心技术(5分)	强势品牌与竞争格局(5分)	延伸类型
炊具市场	处于导入期,市场需求多样化,拓展空间大(＋5分)	行业无权威标准,进入门槛低(＋5分)	技术低端,制作工艺差(＋5分)	竞争较小,未形成稳定的竞争格局,无稳定的强势品牌(＋5分)	机会型延伸
小家电市场	处于成长期,市场空间巨大(＋5分)	行业准入门槛较低(＋5分)	缺乏核心技术,以低水平价格竞争为主(＋5分)	未形成稳定的竞争格局,强势品牌极少(＋4分)	机会型延伸
厨卫大家电市场	处于成长期,市场需求不断扩张(＋5分)	缺乏相应的统一标准,但众多大佬级别的公司涌入,行业准入门槛高(＋2分)	大公司核心技术发达,品牌实力更雄厚(＋2分)	未形成稳定的市场格局,整体混乱;众多强势品牌涌入(＋3分)	实力型延伸,延伸失败
环境家居市场	处于成长期,市场需求呈现"两端高,中间低"的情况,即在中高端市场存在明显的空白(＋4分)	行业缺乏统一标准(＋4分)	国内厂商缺乏核心技术,创新能力低下,供应低端机型;进口品牌相对拥有较高技术(＋3分)	只在中低端和高端市场存在竞争激烈的强势品牌(＋4分)	实力型延伸
水杯市场	处于成熟期,但是市场需求变化快、个性强(＋4分)	准入门槛低(＋3分)	功能性水杯占主导,缺乏时尚感,个性化、时尚化水杯市场为空白(＋5分)	竞争者众多,但未形成稳定的竞争格局,无稳定的强势品牌(＋4分)	实力型延伸

从五次品牌延伸的目标市场情况分析来看,炊具市场、小家电市场、环境家居市场及水杯市场的成功延伸都是一种必然。在导入期,市场需求还未被充分调动挖掘,未形成稳定的品牌竞争格局与强势品牌,且行业无统一标准,准入门槛较低,行业自主知识产权与核心技术还没能实现突破,此时在技术和营销上做到精准发力,刺激需求,就能够先发制人,成为行业标准制定者,占领市场。而在成长期,市场上往往会有众多的大小品牌混战,但仍未形成稳定的竞争格局,在这种时候借助品牌资源与营销创新进行市场突破是有机会的,有可能会成功。但是与导入期不同的是,成长期表现出高速的市场扩张、巨大的利润空间和品牌间竞争的白热化。在这样的条件下,通过瞄准市场空白实现突破是一种选择,正如苏泊尔在环境家居市场中发现的那样,中低端品牌与高端品牌并不能完全满足消费者需求,此时专注于中高端品牌,依托高端技术就能够成功进军环境家居市场。而在水杯市场中,苏泊尔认识到了消费者对水杯时尚化、个性化的需求与市面上大多数功能水杯供给之间的矛盾,可以创造新品类市场,通过符合消费者审美与诉求的时尚营销方式成功推出新产品,抢占市场份额,成功实现产品延伸。

由此,我们可以总结出成功延伸的目标市场的四个特点——市场需求有拓展空间,如行业处于导入期、成长期,以及市场需求变化快、个性强的成熟期行业;无行业标准与门槛的,通过建立标准与门槛,品牌延伸容易成功;无自主知识产权与核心技术的,通过自主知识产权与核心技术突破,品牌延伸容易成功;无强势品牌,竞争对手小、散、乱的情况下,借助品牌资源与营销创新容易成功。

同时,可得出以下两点结论:第一,在内外部匹配上,目标市场得分高,对企业资源与能力要求低;目标市场得分低,对企业资源与能力要求高。第二,在结构匹配上,具体策略是最大限度地发挥原有品牌产品、技术、市场等方面的优势。

通过分析苏泊尔在不同发展阶段，面对不同市场环境，助力延伸产品突破市场的发展路径（如表 2-3 所示），可以得出品牌延伸的四种策略。

表 2-3   苏泊尔品牌延伸发展路径

品牌延伸	原品牌特性	产品契合度	延伸产品市场情况	延伸策略	结局
第一次：从压力锅到炊具	好	高	无领导品牌	工艺创新	成功
第二次：从炊具到小家电	好	高	仅美的一个知名品牌	推广方式创新或核心技术创新	成功
第三次：从小家电到厨卫大家电	好	低	众多大佬级别的公司纷纷布局厨卫大家电	无明显优势	失败
第四次：从厨卫大家电到环境家居	好	低	市场呈"两端高，中间低"的格局，存在市场空白	核心技术创新和沟通方式创新	成功
第五次：水杯	好	低	市场上无领导品牌，也存在市场空白	文化创新	成功

第一种策略：如果延伸产品所在市场还未发展成熟，且延伸产品和原品牌之间保持较高的产品契合度，即原品牌优势能够很好地转移到延伸产品上，公司可以采取工艺创新的策略，从产品设计入手，提升消费者产品使用体验。如苏泊尔在炊具市场的成功就得益于表面处理技术的应用。

第二种策略：如果延伸产品所在市场还未发展成熟，且延伸产品与原品牌之间保持较低的产品契合度，即延伸产品更多是基于原品牌定位，公司可以采取文化创新策略，强化消费者对原品牌文化的认同，使延伸产品形成品牌差异。苏泊尔的创意延伸策略帮助其在水杯行业占据了前三的位置。

第三种策略：如果延伸产品所在市场有知名品牌，但存在市场空白，且延伸产品与原品牌之间保持较高的产品契合度，公司可以采取推广方式创新的策略。当然,以核心技术突破的方式来帮助延伸产品突破市场也是可行的。在小家电市场,苏泊尔通过强化终端展示的推广方式吸引消费者关注,并获得成功,而2013年强势推出球釜IH电饭煲则是技术突破市场最好的证明。

第四种策略:如果延伸产品所在市场存在有知名品牌,但存在市场空白,且延伸产品与原品牌之间保持较低的产品契合度,公司须同时采用核心技术突破和沟通方式创新的策略。因为当市场上存在知名品牌的时候,公司如果不在核心技术上做突破,很难形成竞争优势。此外,公司还必须花费一定的营销费用,使消费者认识并认可延伸产品相比于竞品的优势。苏泊尔在环境家居上的成功就是通过技术与营销的创新组合拳达到的。

品牌延伸发展路径的设计,要求决策者对原品牌和延伸产品的相关性有整体把握,包括产品契合度和资源契合度。二者相关性越高,品牌延伸成功机会越大。在此基础上,需要对延伸产品所处的市场情况进行广泛调查,根据不同的市场情况制定不同的延伸策略。而这些策略的核心主要依靠产品技术创新能力和营销推广能力,结合经销商和营销渠道优势进行突破。

苏泊尔发现市场上已有的炊具质量不高,因此着重依靠工艺创新,成功占据炊具市场;在进入小家电领域时,市场上知名度相对较高的品牌只有美的,总体并没有形成稳定强势的品牌格局,但苏泊尔所掌握的技术资源和美的基本一致,所以重点在营销创新,从精致终端展示入手,推动产品销售;通过对环境家居市场的研究,苏泊尔发现虽然延伸产品与原品牌相关性不高,品牌效应有限,但市场呈"两端高,中间低"的格局,存在明显的市场空白,因此苏泊尔品牌延伸策略的重点放在了核心技术创新与沟通方式创新上。当然,除了策略端的突破,即在前线以积极的方式与态度做好品牌延伸,在后方也需要稳健地把控与跟进品牌管理体系的搭建、维系,做好品牌的定位管理,以保障品牌延伸。

另外,从苏泊尔的实践看,我们可以知道采取品牌延伸策略通常要考虑四个方面的因素,包括原品牌特性、延伸产品与原品牌的关系、延伸产品的市场情况、公司自身情况。

1.原品牌特性

品牌延伸的前提是原品牌已经建立起相当程度的知名度、美誉度,拥有一定的可拓展性。一般而言,可从原品牌品质、品牌延伸的历史、原品牌拓展性三个角度加以分析。

首先是原品牌品质。它指的是品牌知名度和品牌美誉度。如果原品牌缺乏知名度,那么其影响力就无法延伸至新产品上;如果原品牌缺乏美誉度,那么这个品牌也就没有了任何价值,知名度必须建立在美誉度的基础上。

其次是品牌延伸的历史。随着品牌延伸次数的增加,消费者接触品牌的机会也相应增加,如果这些经验是积极的,那么消费者会对品牌越加信任。此外,公司品牌延伸的历史越成功,渠道商越有理由相信公司会在下一次品牌延伸上继续取得成功。换句话说,渠道商越容易接受公司推出的新产品。

最后是原品牌拓展性。它指的是公司品牌产品所能变动的幅度,品牌的拓展性低,就意味着该品牌只能局限于若干个产品类别。因此,公司在进行品牌延伸时必须研究延伸产品与原品牌的相关性问题;反之,品牌的拓展性越高,公司在进行品牌延伸时可供选择的品类也就越多。

2.延伸产品与原品牌的关系

品牌延伸成功与否不仅仅取决于原品牌的强势程度,更取决于原品牌的优势是否具有可转移性。一般而言,如果延伸产品与原品牌产品的相关度越高,原品牌的优势就越容易转移到延伸产品上,品牌延伸成功的概率也就越高,这就意味着公司在进行品牌延伸时必须优先考虑相关性强的领域。

品牌延伸的相关性有两个方面:产品契合度与资源契合度。其中,产品契合度包括延伸产品与原品牌产品市场类别的相关性和品牌定位的相关性,而品牌定位的相关性更加重要。一般而言,互补产品,即两种产品必须同时使用才能满足某一需求,如相机和胶卷,或替代产品,即两种产品在满足某一需求时能够相互替代,如可乐和芬达,具有较高的相关性。

资源契合度包括渠道资源的契合度,即延伸产品与原品牌产品是否能够共用一个渠道,以及技术资源的契合度,即原品牌产品的相关技术是否能够直接应用到延伸产品上。

3. 延伸产品的市场情况

延伸产品能否在市场上取得成功,主要取决于市场上是否存在其立足和发展的机会。一般而言,在导入期和成长期,品牌延伸成功的概率比较大,因为在导入期和成长期,市场需求的拓展空间较大,利润回报相对更可观;同时,延伸产品市场的竞争格局并未确定下来,也没有形成相对稳定的强势品牌,行业门槛相对较低,甚至未形成一定的行业标准,自主知识产权与核心技术的创新和积累也远远不到成熟的程度,这就意味着公司可以利用强势品牌背书,使延伸产品能够在一定程度上获得品牌优势,从而帮助延伸产品以相对较低的成本打开市场,也易获得消费者对于延伸产品的认可。在成熟期,品牌延伸成功的概率很小,因为在市场上形成了稳定的强势品牌,它会采取一定的保护措施抵抗新进入者。公司必须在延伸产品上花费大量的营销费用和打造突出的产品优势。不过,市场需求变化快、个性强和产品使用寿命短的成熟期行业依然会存在品牌延伸的契机与空间。

如表 2-4 所示,当需要分析延伸市场情况时,可从市场需求、行业标准与门槛、自主知识产权与核心技术、强势品牌与竞争格局四个维度出发,对延伸市场进行打分即可。需注意的是,一个目标市场的得分越高,相对而言对企业资源和能力要求越低,在某个维度的得分越高,说明企业着重这一维度进行匹配性的标准、技术或者营销创新上的突破的成功可能性越大。在某个维度的得分越低,说明它对企业自身资源与实力提出的要求越高,企业需要花越大的投入进行市场延伸。

表 2-4　目标市场结构分析

维度	分值及其含义			
市场需求(5分)	5分:导入期或成长期,市场需求大	4分:成长期,需求巨大且竞争激烈,但市场存在空白	3分:成熟期,需求变化快,需求个性强	2—1分:成熟期或衰退期,需求平稳,变化不大
行业标准与门槛(5分)	5分:尚未形成行业标准与门槛	4分:行业标准不统一,门槛不高	3—2分:尚无行业标准,但存在众多大型企业,门槛较高	1分:已形成统一行业标准,且门槛很高
自主知识产权与核心技术(5分)	5分:市场上尚无拥有自主知识产权与核心技术企业	4—3分:市场上存在拥有一定自主知识产权与核心技术的企业,但知名度不高或技术单一		2—1分:市场上已存在拥有强大自主知识产权与核心技术的企业,且实力雄厚
强势品牌与竞争格局(5分)	5分:无强势品牌,竞争对手小、散、乱	4分:强势品牌较少,竞争格局还未完全形成	4—3分:存在强势品牌,竞争激烈,但市场空白处竞争不强	2—1分:竞争格局稳定,存在强势品牌,且占据整个市场

4.公司自身情况

　　品牌延伸并不是用一个成熟的品牌去背书新产品那么简单,只有公司具备一定的实力,才能保证新产品在市场上取得成功。公司的实力主要指公司的创新能力和营销能力。其中,创新能力包括产品技术创新能力与概念创新能力；营销能力则是指在新产品上市之初，及时把握市场动态、打通多层级的营销渠道、提高终端铺货率、针对性地制定可行的营销策略的能力。此外，公司的管理能力也很重要，品牌延伸相当于在原有的业务上拓展了新的业务，会面临新团队的搭建，以及不同产品团队间的资源共享、人员协调等组织上的问题，对公司在行政组织层面的管理能力提出了高要求。

显然，对品牌延伸成功经验的理性思考和对厨卫大家电的激烈讨论，似乎都在提醒苏泊尔，到了该下决心的时候了。苏显泽的心再次沉重起来，对于厨卫大家电业务，是放手，还是继续寻求破局之策？这两种想法在他的脑海里拉扯，也让他对接下来的会议多了一份期待。

第三章　宋茗白茶的品牌创新之路[①]

　　长期以来,千亿级别的中国茶叶市场一直存在区域公共品牌与企业品牌发展的协同难题,"公地悲剧"使得原产地企业始终被低附加值、高同质化、过度竞争所困扰。宋茗白茶选择与安吉白茶区域公共品牌共生的发展模式,通过母子品牌、市场定位、品牌价值与识别体系的建设,实现在安吉白茶品牌基础上的高端差异化发展。而后进一步通过产业链协同和文化输出,强化与安吉白茶品牌的共生关系。最后借助数字化,实现对品牌的保护,并稳定与地方多元主体之间的合作。本章阐述宋茗白茶自 2007 年创立至今,从无到有、从有到优的品牌发展历程和几个关键决策点,呈现"绿水青山就是金山银山"理念和共同富裕背景下一个茶叶农产品品牌的完整成长历程,引发企业思考,同时也为企业的发展和决策提供借鉴。

　　2010 年,安吉县获得"国家级美丽乡村标准化创建示范县"称号,在"绿水青山就是金山银山"理念指引下,大力发展农村特色主导产业。安吉白茶作为其支柱性农产品,助力安吉的绿色高质量发展之路,大幅度提升了全县农民收入,助推共同富裕,真正实现了"一片叶

---

　　① 本章作者为王小毅、邱星怡。

子富了一方百姓"。2020 年,由浙江大学中国农业品牌研究中心公布的《中国茶叶企业产品品牌价值专项评估》显示,有效评估的 172 个茶叶企业产品品牌中,2007 年注册的品牌宋茗白茶全国排名 21 位,品牌价值为 4.64 亿元。宋茗白茶成为名副其实的安吉白茶经济的领航者和安吉白茶的代名词。宋茗白茶的发展是安吉白茶经济品牌化发展的缩影,也是安吉实现共同富裕之路上的一个缩影。

一、原产地茶品牌的困境

自 1982 年一株百年以上的白茶树在浙江安吉被发现,安吉人便开始种起了白茶,经过多年的栽培与推广,安吉白茶在品质、知名度和产量上都有很大程度的提升。

安吉白茶属于基因变异绿茶,总氨基酸含量是其他绿茶的 4 倍以上,香气高雅,汤色浅亮透,具有特殊的滋味与口感。安吉县政府也非常重视产权保护。2001 年 1 月,国家工商行政管理总局批准安吉白茶为注册证明商标;2004 年 4 月,国家质检总局批准安吉白茶为原产地域保护产品(即地理标志保护产品)。同时,安吉县政府以打造安吉绿色生态为目标。安吉白茶作为特色农产品,有着成为安吉代言品牌的潜力。

拓展阅读

地理标志产品

地理标志产品,是指产自特定地域,所具有的质量、声誉或其他特性本质上取决于该产地的自然因素和人文因素,经审核批准以地理名称进行命名的产品。2005 年 6 月,国家质检总局在总结、吸纳原有《原产地域产品保护规定》和《原产地标记管理规定》的基础上,公布了《地理标志产品保护规定》。这个规定的制定、发布和施行标志着地理标志产品保护制度在中国的进一步完善。

> 　　地理标志专门保护制度正在成为中国保护地理标志知识产权、提升特色产品质量、促进区域经济发展和对外贸易的有效手段,发挥着越来越大的作用。

　　宋茗白茶的创始人许万富看到了安吉白茶的优势:悠久的历史底蕴、难以复制的生长环境以及巨大的发展潜力。2005年,许万富承包了安吉的长思岭茶厂,开始涉足安吉白茶产业。

　　他本以为一切都会一帆风顺,然而2年过去了,长思岭茶厂并没有计划中那样顺利地蓬勃发展,反而陷入了艰难的发展困境。

　　一是品牌难以打响。安吉大大小小的茶企一直以来依附于安吉白茶这个母品牌进行营销,存在着规模小、种植散且乱的现象,品种单一,基本上以自产自销的形式经营,销售渠道较为狭窄。然而中国茶行业最突出的特征就是以产地品牌为主,武夷山大红袍、西湖龙井、安溪铁观音等中国十大名茶长久占领着市场。安吉白茶种植条件严格,定价偏高,缺少与价格相匹配的品牌文化与销售渠道。许万富曾将自己生产的精品白茶送给之前的生意伙伴,对方却半开玩笑式地说它是"三无产品"。看着手上绿底白字包装的礼盒,许万富也只能无奈地笑笑。

　　二是市场管理混乱。有的本地茶企、茶农或是外地经营者,在没有得到授权的情况下,便私下违规制作和销售印有"安吉白茶"或是"安吉特产白茶"的茶叶产品,甚至冒用QS编号[①],影响并损害了安吉白茶的整体品牌形象。本土的安吉白茶企业同质化严重,也导致了恶性竞争的发生。此外,许万富也感受到,由于未明确目标客户群体,他

---

　　① QS编号,即食品生产许可证编号的前缀,代表质量安全(quality safety)。QS编号的推行时间可以追溯到2001年,其作为食品质量安全市场准入制度的一部分,首先在米、面、油、酱油、醋这五类关键食品中实施。从2015年10月1日起,中国的食品生产许可证开始使用新的SC编号系统,逐步替代了原本的QS编号。

常常在茶叶生产和销售环节上如无头苍蝇,不知如何制定对策,销售渠道变来变去,导致价格不稳定,甚至还出现了安吉白茶与其他绿茶混杂着卖的情况。

思来想去,许万富发现这些问题出现的原因主要是:安吉白茶和长思岭白茶没有完善的品牌战略,大多的生产与销售决策全凭管理者经验。

产业想要长远发展,必须进行科学的规划与实践,第一步,便是建立有知名度的品牌。要建立品牌,则首先要确立自己与安吉白茶区域公共品牌之间的关系。彼时,中国茶行业已经出现了一股脱离原产地概念来构建全新商业品牌的潮流,涌现出了如小罐茶、八马茶业等无产地概念的茶叶品牌,它们靠着铺天盖地的营销,正在不断抢占市场。

许万富认为,中国茶叶不是依靠概念和营销就能长久维系的快消品,其本质还是根植于土地、文化与历史的农产品,它是饮品,是礼仪,是文化,是艺术,也是一种高雅的生活方式。脱离了原产地概念的品牌,消费者对其品质存在着怀疑态度,也很难打入传统茶叶消费人群。安吉白茶的区域公共品牌价值是独一无二的,抛弃区域公共品牌并不是一条合适的发展道路。而要在安吉白茶区域公共品牌基础上建设自己的品牌,则需要解决一系列问题。

二、找准品牌定位

首要问题就是解决品牌名称的问题。名称是品牌的基本指征,也是品牌的核心指征,是建立知名度和进行品牌传播的基础。市场上同一品类的产品众多,而一个好的品牌名称在建立顾客认知、记忆等方面往往能起到事半功倍的作用。

长思岭茶厂虽然是一个老茶厂,但没有太多记忆点,并且不能与安吉白茶这个区域公共品牌共联共生。因此 2007 年初秋,许万富成立了浙江安吉宋茗白茶有限公司,品牌注册为宋茗白茶,并利用谐音取了一个英文名 SUMMIT ANGELTEA,标志是一个类似宋朝冠帽的形象(如图 3-1 所示)。

图 3-1　宋茗白茶品牌标识

选用"宋茗"作为品牌名称,别致而有韵味。茶兴于唐而盛于宋,宋朝的茶文化奠定了我国茶文化的基础。在宋朝,茶饮已经成为"国饮",上至王公贵族,下到市井百姓,都极其喜欢饮茶。文人雅士尤其爱茶喜香,到了南宋,无论是朝廷官员还是江湖文人,对茶的喜爱更甚。他们有很高的文化素养,对生活质量有所要求,追求清淡雅致。品茗往往会给人以身心享受及无穷的回味,因此与茶文化相关的诗词歌赋、习俗礼仪开始盛行,这是文化兴盛的宋代所特有的一种茶文化体现。

"宋""茗"二字相结合,自然而然就形成一幅冲淡闲洁、韵高致静的画面。以宋朝冠帽为原型进行品牌标识设计并注册为商标,极其符合品牌命名的一系列基本原则:易识别、好传播、有意义、富联想。

安吉距离杭州只有 1 小时的车程,对于全国市场而言,杭州的影响力显然要大于安吉。包含"宋"的品牌元素,还能够很好地将安吉白茶与大家熟悉的杭州、龙井等元素联系起来。这与许万富想要建立一种在安吉白茶区域公共品牌基础上的全新母子品牌关系非常契合:基于安吉白茶地方品牌,但是又能够跳出地方品牌,甚至超越地方品牌。

一开始,茶叶多用于自饮和送礼的情景,随后消费模式不断发展与细化,出现了越来越多的茶叶新需求。许万富在品牌商标注册成功后,开始思考公司的目标群体,方便有针对性地优化产品,制定相应的品牌战略与营销方案。他第一时间就给核心团队布置了下一步工作。

公司对不同细分市场的茶叶消费者进行了分析。发现茶叶市场的消费群体主要可以分为以下几类,他们有着不同的消费目的与偏好(如表 3-1 所示)。

表 3-1　细分茶叶市场消费者

消费类型	消费群体	消费特征
时尚消费	城市青年	讲究情调,追赶时髦,受媒体广告影响最大。比如近年来果茶在中国的成功很大程度上源于中国青年对一种休闲生活方式的向往
习惯消费	爱茶一族	有自己喜爱的品种或品牌,消费惯性强,较难改变。由于地域不同,对品种的选择也会不同。这种消费者大多选择当地产的名茶,但随着茶叶加盟连锁品牌的拓展,地域消费的区隔已经被逐渐打破
功能消费	女性或老年人	各种减肥茶、美容茶和保健茶等都是针对这种消费群体开发的产品。这类产品大多注重功能而忽略口味,一旦无法达到消费者的期望效果,就会被消费者放弃
家庭消费	家庭采购者	俗话说,开门七件事,柴米油盐酱醋茶。由此可见,茶是家庭日常生活中不可缺少的。一些大型商超是最主要的供货商
礼品消费	赠礼者	中国人传统的三大礼品是烟、酒、茶。在这三项礼品中,唯有茶是老少皆宜,且有益于健康的。因此,无论是传统佳节还是各种公关活动中,高档名茶都是消费者的首选。产品的外包装、知名度和销售场所是其主要的购买动机。高端茶叶加盟品牌就可以多挖掘此类客户
旅游消费	游客	茶在中国长期以来被视为土特产,不同的地方盛产不同的茶,如西湖龙井、信阳毛尖、台湾乌龙、紫阳富硒茶等。到杭州旅游的人不会忘了买地道的西湖龙井,到闽北旅游的人也会带上一些武夷大红袍。游客的消费多为一次性消费。因此,一些选址在离风景区近或者酒店的茶叶加盟店就应该更注重具有地方特色的产品经营

续　表

消费类型	消费群体	消费特征
专业场所消费	以品牌茶为主要特色的茶艺馆、茶楼、茶馆	这些场所最能集中体现中国茶文化,是极品茶、高档茶的主要消费地。作为中国茶消费的顶级层次,这个市场具有示范作用,也应引起足够的重视

　　茶叶的消费范围在不断拓展,消费者对于茶叶的需求也存在着显著的差异。宋茗白茶到底应当瞄准哪一类消费群体,很长一段时间大家都无法定夺。

　　一种观点认为:安吉白茶富含氨基酸,其含量在 5% 至 11% 之间,远高于普通绿茶,包括了人体所需的 18 种氨基酸,口感好的同时对身体大有好处,所以应当紧跟潮流入局时尚消费与功能消费市场。

　　另一种观点认为:从市场份额和价格来看,传统市场还是绿茶所占份额更大,占国内茶叶产量逾六成(如图 3-2 所示)。安吉白茶的价格也在全国排前列,为绿茶中的精品,是一种特色绿茶,应当瞄准绿茶高端市场,聚焦礼品消费和专业场所消费。

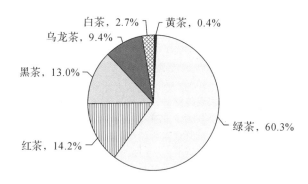

图 3-2　2021 年六大类茶国内产量占比

　　许万富认为,这两种观点并不是对立的,而是可以整合的。慎重考虑后,许万富决定让宋茗白茶瞄准习惯消费、礼品消费与专业场所消费市场。这三类消费者对于产品品质都有着较高的要求,对于产品价格敏感度低,更看重产品背后的品牌价值与文化底蕴。

许万富分析认为,茶叶不同于普通的农产品,对它的消费本质上不是为了满足基本的生理需求,而是为了满足归属需求甚至于尊重需求。宋茗白茶定位为高端绿茶,能为消费者提供更多的附加价值。让他们在精神上有所获得,有利于品牌的长远发展。

在高端定位的基础上,宋茗白茶对自身的茶叶进行了细分,在传统明前系列和雨前系列的基础上,推出了单罐、礼盒、竹韵、高山等单品,以满足不同消费群体的差异化需求(如表 3-2 所示)。

表 3-2　宋茗白茶产品系列与价格

产品系列	产品名称	单品价格	关键词
明前一级	尚绿单罐	94 元/36 克	春季促销、预售
	白色礼盒	199 元/100 克	精致、年货、礼盒装
明前特级	尚银单罐	128 元/36 克	高山、珍稀、绿茶
	金色礼盒	368 元/100 克	高山、绿茶、送礼
	高山红茶	159 元/50 克	手工炒制、香气馥郁
明前精品	安且吉兮	218 元/49.5 克	高山、绿茶、嫩芽、鲜爽、香醇
	尚金单罐	158 元/36 克	高山、绿茶、嫩芽、鲜爽、香醇
雨前一级	散装系列	78 元/50 克	性价比、好茶、鲜爽、实惠
	竹韵绿	158 元/75 克	原产、高山、口感正宗
雨前特级	竹韵银	178 元/75 克	高山、细嫩、味美回甘
	竹韵金	199 元/75 克	春茶、珍稀、味醇质厚、清香怡然

宋茗白茶对茶叶市场进行细分后,目标市场非常清晰,即主要瞄准会辨茶、品茶、赏茶的高端客户。这类人了解茶叶质量的评判标准,能够分辨茶的好坏、真假,喝茶时不仅过嘴、过胃还过心,有明确的品茶阶段划分,并且他们有一定的茶文化基础,能够以茶会友。同时,这类目标人群对价格的敏感度低,看重茶叶的附加价值。

而在饮用场景上,宋茗白茶瞄准礼品消费、专业场所消费、习惯消费等消费类型,这几类消费群体对茶叶品质的要求高,希望购买、饮用的茶能够表征其身份和思想。

拓展阅读

品牌定位理论

品牌定位理论是由美国著名营销专家艾·里斯(AI Ries)和杰克·特劳特(Jack Trout)在20世纪70年代提出的。品牌定位就是通过对品牌的设计与传播,有效地建立起该品牌与竞争品牌的区别,从而使品牌在目标顾客心目中占据一个独具价值的地位。品牌定位的目标是使目标顾客形成对本品牌的偏好与忠诚,而偏好与忠诚形成的前提,是品牌有一个独特的、差异化的形象,并且这种独特性能够与顾客达成心理上的共鸣。品牌的这种差异可以来自产品、服务、渠道、人员等领域,差异点应该具有独特性、重要性、可信任、易传达等特征。

品牌定位的实施应该逐步分析目标消费者、竞争对手,在此基础上分析本品牌与竞争品牌的共同点,并创造本品牌与竞争品牌的差异点。既然品牌定位的目标是在顾客心中占据一个独特位置,那么确立品牌定位的首要任务必定是洞察消费者,挖掘消费者未被满足的需求。消费者市场的基本特点是情感性和差异性,不同消费者的需求与行为差异很大,其品牌感知和偏好也必然有较大差异,因而必须对市场进行细分,并从中选择确定本企业发展的目标市场。可以选择识别变量和行为变量两类若干种变量中的一种或几种,在此基础上评估确定企业适合的目标市场,明确为了谁。之后再进行定位,明确我是谁(STP理论,S表示市场细分,T表示目标市场,P表示市场定位)。当然,在此之前,品牌管理者首先要对市场的宏观环境进行扫描和分析,对影响行业发展和企业营销及消费者行为变化的政治、经济、技术和社会文化环境做出初步判断(PEST分析)。同时要对品牌的主要竞争对手进行调查分析。

三、塑造品牌认知

确立宋茗白茶的目标客户群体后，许万富便开始带领团队着手解决如何让宋茗白茶在众多茶品牌中脱颖而出的问题。

他对于品牌建设有自己初步的想法，并在一次内部会议上提出：对消费者来说，使用的品牌在某种程度上反映了他是哪一类人。当前，茶叶产品同质化严重，宋茗白茶想要与众不同，不仅要满足消费者对于产品功能和产品品质的需求，还要让消费者感受到一致的品位与文化，与消费者保持一致的价值观，符合消费者的身份与地位。但是，当时公司不同部门的品牌构建思路却并不一致。

负责市场宣传和形象设计的部门认为：品牌视觉设计是品牌识别的关键，好的视觉设计不仅仅是协助品牌发展的形象实体，更是打开消费者心扉的敲门砖。安吉白茶本身就是有故事、有历史的茶类，好好挖掘，一定能找到触动消费者的差异点。

产品部门认为：好的产品是成功的一半。无论是国内还是国外，只有产品拥有过硬的品质，品牌才能长久存续。要让宋茗白茶在市场上脱颖而出，就要从产品品质上下功夫、找突破点。

销售部门则认为：品牌和产品卖点才是品牌识别的重要部分。高端茶叶市场上，消费者买茶并不单纯为了饮用，还为了分享、交流，他们能否从宋茗白茶得到区别于其他品牌的独特价值，才是需要关注的。

面对不同的观点，许万富一时难以决策，无法判断究竟哪个观点才是对的，或者说是现阶段最适合宋茗白茶的。但在品牌识别方面，许万富始终在推动公司前进，包括后来与外部研发和咨询机构也开展了合作。他相信宋茗白茶的品牌，一定要有一个系统性的识别体系，不是仅仅靠某一两个点就能够在市场上取得效果的。

拓展阅读

品牌识别

品牌识别指一个品牌通过其名称、标志、符号、设计、色彩、口号等元素展现出独特性和可识别性。这些可识别的特征暗示着企业对消费者的某种承诺。品牌识别将指导品牌创建及传播的整个过程,因此必须具有一定的深度和广度。为了使品牌标识(brond identity)的构念更加丰富,有学者逐渐将企业形象识别系统(corporate identity system),即 VI(视觉识别)、BI(行为识别)、MI(理念识别),迁移到品牌上运用。VI 将品牌名称、品牌标识等品牌元素具体化、形象化,往往会构成消费者对品牌的第一印象。企业可通过 VI,将品牌形象传达给社会公众。BI 则透过社会公益文化活动、公共关系、营销活动等来传达品牌理念,以获得社会公众对品牌的认同。MI 是确立品牌独具特色的经营理念,即品牌对当前和未来一个时期的经营目标、经营思想、营销方式和营销形态所做的总体规划和界定,包含品牌价值观、经营宗旨、经营方针、产业构成、社会责任和发展规划等,属于品牌文化的意识形态范畴。

从具体实施策略上来讲,品牌识别有两条路径,一是理性路径,二是感性路径。理性路径由品牌功效以及其引发的品牌判断构成。所谓品牌功效,是指产品或服务满足消费者功能性需求的程度。它超越了产品本身的性能,还含有品牌差异化的维度。品牌功效会引发消费者对品牌的判断。品牌判断主要指消费者对品牌的个人喜好和评估,涉及消费者如何将不同的品牌功效与形象结合起来以产生不同的看法。感性路径由品牌意向和品牌感受构成。品牌意向是指消费者如何从抽象而非现实的角度理解一个品牌。品牌感受是指消费者在情感上对品牌的反应。

品牌共鸣

品牌共鸣是消费者与品牌元素(例如产品)之间的良好联系,总体来说,品牌识别与品牌文化的建设最终的目的都是形成品牌共鸣。品牌共鸣模型(brand resonance model)是一个金字塔式的模型,分为四个层级和六大要素(如图 3-3 所示)。

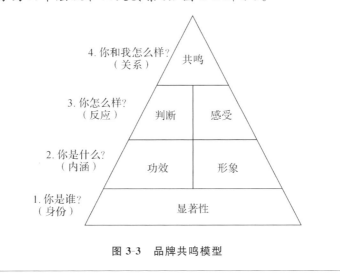

图 3-3　品牌共鸣模型

宋茗白茶通过层层递进的方式建立自身的品牌识别体系,后来的几年里,推出了一系列让消费者印象深刻的内容。

一是借助安吉竹元素的视觉设计。宋茗白茶公司所在地安吉县,是中国著名的竹乡。安吉的竹子品种数量居世界之最,这里有 300 多种竹子,是竹产业加工集中地。换言之,对于全国消费者而言,安吉最知名的不是白茶,而是竹子。因此宋茗白茶在进行视觉设计的时候,大胆地抛弃了白茶元素,转而以竹子为主。竹与茶的构念相合,二者均有雅致雅韵之意,"竹间烟起唤茶来"。宋茗白茶也瞄准这个特点,着力设计打造了一套竹制品系列包装(如图 3-4 所示),让宋茗白茶的包装更具特色,凸显出品牌的典雅与大气。此后,安吉很多茶企纷纷效仿。

二是独一无二的茶叶产品。为给消费者提供更多品茶、赏茶话

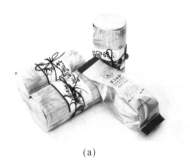

(a)　　　　　　　　　　　　　　(b)

图 3-4　宋茗白茶包装设计

题,宋茗白茶从 2009 年开始和高校开展合作,率先尝试将凤型白茶改
为兰花型白茶,成为宋茗白茶独一无二的标志(如图 3-5 所示)。兰花
型白茶比凤型白茶更绰约优美,耐冲泡,汁水更浓,香味更醇。许万富
深知,想要让宋茗白茶的名声宣传出去,尤其是针对爱茶懂茶的高端
市场消费群体,不能仅仅靠营销的渲染吹捧,还得凭实力说话。

(a)　兰花型白茶　　　　　　　　(b)　凤型白茶

图 3-5　兰花型白茶与凤型白茶

宋茗白茶公司自成立以来,不仅积极参加中茶杯全国名优茶评比
等专业评比和行业赛事,还获得浙江省名牌农产品、湖州市政府质量
奖、良好农业规范(good agricultural practice,GAP)认证、ISO9001 质
量管理体系认证及 ISO22000 食品安全管理体系认证等荣誉与认证。
此外,因为质量出众,宋茗白茶多次被指定为各类大型会议的官方用茶，如 2008 年全国科学家论坛会议专用茶、2010 年上海世博会官方定制礼品茶、2016 年二十国集团智库会议指定用茶等。

此外，设计有底蕴的品牌形象视觉系统、创作特色化的产品设计、增强官方机构背书的品牌实力……宋茗白茶一步一步稳扎稳打，在大家的共同努力下，逐渐成为安吉白茶行业的龙头企业，宋茗的品牌也有了极高的识别度和不可替代性。但是，如何让宋茗白茶在竞争激烈的茶叶行业中站稳脚跟、行稳致远？许万富准备再展开一次深度的内部会议，集思广益。

拓展阅读

品牌化

所谓品牌化，就是通过对产品进行品牌名、标识、符号等可视要素的设计，以及借助听觉、触觉等感官刺激，使产品具备市场定位和商业价值的整个过程。从消费者的角度，品牌化的结果是在消费者思维中建立品牌与产品相关联的特定信息结构；从企业的角度，品牌化的结果是产生产品之外的附加值和相应的价值效应。

品牌与产品的关系，具体而言：产品是被人们消费和使用、能满足某种需求的任何东西，包括有形产品、特定场所、服务、体验、信息和想法等；品牌则是产品的一种标识，代表着产品的品质、形象和价值。产品与品牌紧密相连，优质产品能塑造良好的品牌形象，而强大的品牌也能提升产品的市场竞争力和附加值。

品牌化的基本步骤可以分为四步：一是界定品牌身份，即明确这个品牌为什么存在，价值与目标是什么。二是确定品牌名称，深具吸引力的名字可以大幅缩短品牌创立和发展壮大的时间。三是确立品牌的形象来源与有代表性意义的产品，唤起消费者的丰富联想。四是选择基本的传播战略，如直接传播品牌的意义或传播代表性品牌来间接树立品牌。

四、共生品牌文化

品牌化之路的第一阶段目标已经实现,宋茗白茶创立了自身的品牌,洞察了消费者的需求,明确了品牌定位与价值,规划了品牌身份系统,市场反馈热烈,公司业绩蒸蒸日上。

2011年,许万富荣获"湖州十大杰出青年"称号,2013年,"宋茗"被认定为浙江省知名商号,同年"宋茗"品牌还被中国茶叶博览会组委会评为优秀品牌。在公司快速占领高端绿茶市场的同时,许万富却有着自己的担忧。宋茗白茶来自安吉白茶,脱颖而出固然是好事,但是给当地其他品牌企业带来巨大的竞争压力。许万富想要的并不是独占安吉白茶高端市场,而是让安吉白茶这艘"航空母舰"征服整个茶叶市场的"星辰大海"。带着不同业务条线的骨干们夙夜匪懈,他不断地思考应该怎么做,才能让宋茗白茶与安吉白茶长久地共生发展。一个词浮现在了他的脑海——品牌文化。

"宋茗,天下共茗。"这句标语是由许万富提出的,他的解释是希望荣茗白茶能带动安吉白茶的发展,让大家都受益。宋茗白茶不仅属于他,更属于天下所有人,即"天下共茗"。

拓展阅读

品牌文化

品牌文化的核心是文化内涵,具体而言是其蕴涵的深刻的价值内涵和情感内涵,也就是品牌所凝练的价值观念、生活态度、审美情趣、个性修养、时尚品位、情感诉求等精神象征。品牌文化的塑造通过创造产品的物质效用与品牌精神高度统一的完美境界,能超越时空的限制,带给消费者更多的高层次的满足、心灵的慰藉

和精神的寄托,在消费者心灵深处形成潜在的文化认同和情感眷恋。

合适的品牌文化一般要符合两个标准:一是这种文化要适合产品特征。产品都有自己的特征,如在什么样的场景下使用,产品能给消费者带来什么等。品牌文化要与产品特征相匹配,才能让消费者觉得自然、可接受。二是这种文化要符合目标市场消费群体的特征。品牌文化要从目标市场消费群体中去寻找,要通过充分考察消费者的思想心态和行为方式而获得。只有这样,品牌文化才容易被目标市场消费者认同,才能增强品牌力。

茶为国饮,不仅因为中国作为茶的故乡,有着悠久的饮茶历史,有着以茶会友、以茶结缘的文化传统,还因为茶见证着中国历史的发展、中华民族的兴衰起落,体现着我们爱好和平、以和为贵的精神内涵。中国的茶,相比于酒,或是西方的咖啡,天然就有一种淡然的色调,浑然质朴,内敛而不张扬,永远追求一种超然的淡定与宁静,体现着“和敬”的礼仪。这种礼仪颐养了千百年来社会和谐的心态。宋茗白茶所追求的,不是你死我活的恶性竞争,而是一起让安吉白茶变得更好。

宋茗白茶的目标消费群体,无论是懂茶爱茶者,还是以茶为礼、以茶会友者,所追求的正是“共茗”二字。宋茗白茶将“天下共茗”四个字当作宣传语(如图3-6所示),反映出宋茗白茶品牌的精神内核,蕴含着“和谐美好、共享大同”的理念,为饮茶者构筑了一片精神桃花源,不仅反映着“和与合”的中国茶道最高境界,也融合了中国儒家“大同”的思想。

为了让“天下共茗”这句口号成为一句金字诺言,许万富从不同的维度践行着“天下共茗”的文化理想。

图 3-6 "天下共茗"品牌标语

第一,拓宽品牌联想广度。宋茗白茶先后聘请了浙江大学茶学系、杭州茶叶研究所、中国农业科学院专家学者对企业进行全方位的指导和帮助,之后又联合浙江大学茶学系、浙江省茶产业创新平台共同成立了中国安吉白茶研发中心,旨在进一步提高白茶研发和综合利用的水平。公司还注册了"灵芝山""乳叶"等多个商标,其中"乳叶"商标还成为中国驰名商标,这不仅让宋茗白茶自身品牌的知名度和美誉度大幅提高,也让安吉白茶这一区域公共品牌的价值连年上升。2020 年,安吉白茶区域公用品牌价值达到 41.64 亿元,连续 11 年入选全国十强。

第二,跨界合作,丰富消费体验。许万富斥资打造了宋茗茶博园,这是一个包含旅游、度假、休闲、白茶博物馆、白茶精品园的综合体,以农旅融合的方式为消费者提供更多元化的服务,打造现实世界的桃花源。

第三,将文化植入品牌广告。宋茗白茶没有选择在电视频道投放传统品牌广告,而是选择入局影视。电视连续剧《如意》以采茶女如意为主角,讲述了民国时期的少男少女追求自由与进步的故事。安吉白茶与《如意》展开合作,将安吉白茶融入故事线的发展与人物主角采茶女的成长,让白茶元素自然而然地融入剧情,既不唐突也不违和,摆脱了传统口号式电视广告,减少了广告内容与品牌定位的错位感,并让白茶跟随剧情不断演变,让全国的电视观众都了解了安吉白茶,了解了宋茗白茶品牌。

第四,维护原产地茶叶的核心价值。宋茗白茶注重保护茶园生态体系,实施了茶园管理标准化工程,对订单农户上门指导,提升茶叶品质,促使订单农户管理理念与素质提升。

宋茗白茶通过层层递进的方式成功建立自身了的品牌识别体系。企业形象识别系统(CIS)呈现了宋茗白茶品牌识别的建设全路径(如图 3-7 所示)。首先,实现产品本身的差异化,这一方面依赖产品的质量、价值,另一方面又依赖营销和传播活动。其次,建立品牌自身的知名度,这既包括传统的公关工作,也包括茶行业独特的评选方式。最后,以打造品牌文化的方式进一步巩固品牌识别建设成果,使品牌与消费者形成更高维度的契合。

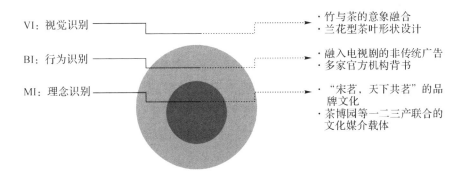

图 3-7　宋茗白茶的 CIS

在宋茗白茶的良性发展中,"天下共茗"成为一个不断靠近的理想。宋茗白茶形成了一个多年来相对稳定的"基地＋企业＋销售网络＋消费者"的良性互动系统,一个传递和谐、共享美好的系统,一个有着中国儒家思想"大同"精神的品牌文化逐渐确立。许万富也荣任安吉白茶协会会长,成为安吉白茶的领军人物,宋茗白茶品牌文化在同行业中发挥了越来越大的影响力,成功建立了品牌共鸣(如图 3-8 所示)。

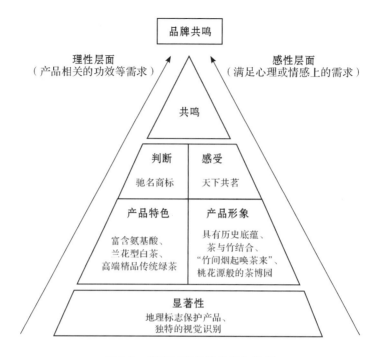

图 3-8　宋茗白茶品牌共鸣金字塔

五、数字赋能产业协作

2020 年 10 月 10 日,中国绿色食品发展中心颁布"2019 年度全国绿色食品(有机农业)一二三产业融合发展园区"名单,全国仅 12 家企业获此殊荣,浙江安吉宋茗白茶有限公司榜上有名。得到这个消息时,许万富正坐在宋茗茶博园的会客厅中,和公司团队商议深化品牌建设的事宜。

许万富看着一个个被精心放置在小格子里的荣誉奖牌、各式各样的宋茗白茶礼盒以及丰富多彩的周边衍生品,不禁感叹,短短十几年,宋茗白茶就从默默无闻的小茶厂成为安吉白茶品牌领航者,这与宋茗白茶的安吉白茶区域公共品牌共生策略有直接关系,宋茗白茶初步实现了千家万户携手奔共富的目标。而现在,盛名之下的宋茗白茶正面临着新的区域公共品牌挑战难题。

"这几年我们逐渐步入了正轨,无论是在浙江省内还是省外,都有了一定的知名度,销量不断增加,但是品牌发展也出现了很多问题。"许万富向大家抛出了疑问,"一方面,茶场的扩张使我们对种植过程的掌控力不断下降,现在也采用'宋茗茶场＋签约农户茶场'的模式,茶叶的品质有点参差不一,可能会使得消费者对我们的品牌信任度降低。另一方面,我们的工厂也明显跟不上市场的节奏,消费者有了许多新的想法与需求,有了更高的要求,但我们给出的反应是相当滞后的,缺少与消费者及时直接对话的能力。"

一位同事认为:宋茗白茶以及安吉白茶整体的生产模式还是比较原始的,处处需要人力来维护监管,生产效率和标准化程度极低。而一些同属农业产品的行业,例如饲料生产、肉食宰杀等,已经纷纷开展"数字革命",形成了"互联网＋农业"的模式,实现了农业生产与生态生活的关联转型。虽然茶叶的种植与加工相对于饲料、养殖业等而言,是更精细的工作,但它们的模式还是可以借鉴的。

另一位同事补充道:宋茗白茶的目标消费者最看重的就是品质和附加价值。作为基于原产地的茶叶品牌,在当今快消费的潮流中,如何为消费者保障茶叶的品质,如何让消费者感知到宋茗白茶为之付出的努力,是非常重要的。如果宋茗白茶能采集从种植到生产到销售的所有数据,并向消费者展示,就能进一步获取他们的信任与忠诚。

另一位同事也说道:宋茗白茶现在虽然有自动化生产车间,但其中的加工流程、时间控制、品质筛选并没有数字智能的介入。国务院发展研究中心在 2018 年 3 月底发布了《传统产业数字化转型的模式和路径》,清晰地给出了数字化的三层技术架构:一是内部供应链全流程,实现全业务数字化;二是外部供应链全渠道,实现全渠道数字化;三是上下游产业链之间实现全产业数字化。如果宋茗白茶能实现这三个层次的数字化,问题也就迎刃而解了。

　　许万富点点头："之前我去县里开会，县政府领导们也提到数字化转型这个概念。"许万富从包里拿出上次去县政府开会时的笔记本，展开笔记，边看边说："数字经济的建设主体是中国的民营企业、中小企业，培育壮大了例如大数据、人工智能、区块链等新兴数字产业，提升了产业水平。在智能物流、智能交通等场景中，构建了基于5G的应用和产业生态。其实，安吉县政府已经开创了笔架山农业高新技术产业园区，想打造一个安吉白茶全产业链大数据中心，但具体怎么做还在商讨。既然我们已经有了想法，那我们作为试点，和政府一起合作，去给全安吉的白茶品牌探探路！"

　　会议室渐渐变得喧闹起来，大家的思路慢慢打开，下定决心进行数字化转型，以数字赋能进行产业升级，提升自身品牌价值，获取消费者信任。

拓展阅读

长期品牌管理

　　长期品牌管理是战略品牌管理的重要内容，所解决的问题就是如何进行品牌维护和持续创新。长期品牌管理的理论与策略都围绕品牌的变与不变展开。一方面，品牌要保持不变，建立清晰的身份系统，不断重复某些要素并坚持一致性，一致性越高，品牌的力量就越聚焦、越强大，越令对手无法模仿和超越。另一方面，品牌又要求变，使自己紧跟时代步伐，与时俱进，以满足消费者不断变化的需求。

　　品牌意义的一致性有助于巩固品牌形象。从社会心理学的角度来看，品牌与消费者的过往自我紧密相连，促使消费者维持与品牌的既有关系，使品牌信任度、品牌承诺以及"品牌—自我"的联结都保持在较高水平。品牌创新则是为品牌注入活力的关键，但它并不意味着完全摒弃传统，或仅仅迎合短期消费者的变化。相反，品牌创新应着眼于对未来趋势的引领和憧憬，使品牌服务更具价值，从而为消费者带来更多的生活益处。这就是品牌创新的意义所在。

数字化转型

数字化转型（digital transformation）是建立在数字化转换（digitization）、数字化升级（digitalization）基础上，进一步触及公司核心业务，以新建一种商业模式为目标的高层次转型。数字化转型可以分为三个阶段：基础设施物联化；业务和触点数字化；运营数据化，决策智能化。

数字化是一种创新的手段，它能帮助提升品牌价值，主要表现在以下三个方面。第一，能精准提高品牌识别度。数字化的手段多种多样，选择适合自身品牌发展的道路是最重要的，借力数字化手段，促进品牌识别触点的深度建设。第二，数字化能加强品牌和消费者的联结。数字化体系的建设有助于实现人、产品、消费场景的整合，从而突破时间、空间的限制，为消费者带来更流畅化、沉浸化的消费体验。第三，数字化能帮助传统行业进行供给侧改革，实现更高质量的发展。具体表现为：一是能帮助品牌顺应消费升级趋势，以产品和服务数字化、智能化的导向推进产业转型升级，减少无效供给；二是能帮助品牌减少营销成本，实现品牌绿色化、智能化发展。

接下来的 2 年里，宋茗白茶与安吉县农业农村局、安吉县经济和信息化局等单位一起，全面开展了安吉白茶数字化工厂的建设，对全产业链进行了数字化升级，最终通过数字化手段进一步强化了宋茗白茶与安吉白茶区域公共品牌之间的共生共荣关系，携手推进品牌的持续升级。

第一,通过农场数字孪生解决上游农户的激励和共富难题。安吉白茶过去经常会被其他地区所仿冒,地区内外的很多不具备种植条件的茶农会将自己的绿茶冠以安吉白茶的概念,对安吉白茶的总体品牌价值带来极大的损害。宋茗白茶利用 GIS(地理信息系统)对自己种植基地的生产经营进行数字化规范,统一管理茶园主体、茶叶种植品种以及茶园面积和位置等信息。GIS 能够整合实时茶园监控信息、气象土壤等环境监测信息,并结合安吉白茶的标准化种植模型,在地图上实时显示茶园信息,例如茶叶生长状态、预计采摘时间、预计产量等。宋茗白茶根据这些信息来对种植农户进行确权,从而获得安吉白茶原产地认证。消费者在宋茗茶博园游玩时,也能从白茶博物馆的数字驾驶舱中看到相关信息。

第二,建设智慧车间,确保加工的茶叶产能与品质兼顾。宋茗白茶用智能机器代替人,能在标准单位的时间里炒制 700 斤干茶,产能相较于人工提高了 10 倍。数字化生产线不仅可以节省人工,还可以精确控制炒制过程中的温度、湿度和茶叶形态,提高茶叶品质,真正实现茶叶生产的标准化、规模化和智能化。

第三,通过区块链解决流通环节的品质把控与效率问题。过去茶叶销售的渠道非常复杂,产品流向难以准确把握。这对于宋茗白茶这样追求高端定位和围绕市场需求持续改进产品的企业来说,是一个迫切需要解决的难题。为了保障流通环节的数据真实性,安吉白茶以基于超级账本(hyperledger fabric)技术框架研发实现的联盟链 BaaS 平台满天星区块链认证为产品品质溯源背书,利用区块链不可篡改和可追溯等特点,对白茶种植、加工、包装、储运、销售等全产业链实现可闭环的溯源管理。通过溯源标识数字化手段,将白茶从种植、生产到仓储、流通所有环节的各种信息整合写入区块链,从而保障整个产业的数据真实、安全、共享。通过大数据,真正实现智能营销、精准推荐、精细化种植、风险控制、效率提升等。

第四,使用浙农码解决消费者端对宋茗白茶的信任难题。浙农码是这场数字化赋能品牌价值提升的核心。茶叶作为一种初加工农产品,在品质上存在极大不确定性。消费者因为无法准确判断宋茗白茶是否具备安吉原产地茶叶的品质,因而对品牌价值持有怀疑态度。宋茗白茶通过浙农码,以数字孪生方式赋予安吉白茶全产业链过程中涉及的人、物、组织以唯一数字身份,包括对成品茶、茶农、茶园、茶叶生产加工经营主体、农资经营主体等赋码,以"一村一码、一户一码、一企一码、一物一码"完成了全产业链数字化。"包一盒一箱"的包装关联体系实现了产品信息、生产主体、茶园信息、生产过程、检测报告的融合汇总。宋茗白茶利用溯源标志向消费者传递了绿色发展的理念;通过数字化的手段,以"物联网+区块链"技术将生产销售全过程信息传递给市场消费者,提升了产品附加值,以区块链技术保护了区域公共品牌,解决了防伪追溯难题。消费者打开手机,对着产品的二维码扫一扫,就能查询到白茶种植、加工、包装、储运、销售等全产业链的数据。

从一系列实践来看,宋茗白茶的数字化转型始终紧紧围绕提升品牌价值展开,是有利于长期品牌建设的管理方式。首先,数字化技术帮助宋茗白茶增强了品牌识别效力。宋茗白茶作为地理标志产品,原产地标签是最重要的身份证明,浙农码的应用让消费者能够随时随地通过手机查询到白茶种植、加工、包装、储运、销售等全产业链的数据,区块链的不可篡改性也让数据的真实性得到了保障。其次,数字化改革增强了消费者的参与感。一方面,消费者通过浙农码识别商品数据的过程就是进一步加深品牌印象的过程;另一方面,GIS等数据可视化系统的应用能让消费者实时看到各个环节的数据,让消费者对宋茗白茶品牌有更立体的感受。最后,数字化转型帮助宋茗白茶从传统的农产品品牌变身为科技农产品品牌,推动传统农业向现代农业转型升级,符合国家关于全面推进乡村振兴和加快农业农村现代化的发展要求,也符合消费者对于数字化产业新业态、新模式的追求。

数字化管理让宋茗白茶大幅度降低了边际成本,在开辟了3050亩宋茗白茶基地的基础上,还通过"公司＋基地＋合作社＋农户"的运营模式,以订单模式带动周边农户科学种植。7000多亩订单基地有效吸纳周边富余劳动力1200多人。通过遥感技术、大数据、区块链、云计算等数字化应用技术,一方面实现了茶叶种植过程中供水、肥料、农药的精准控制;另一方面建立了全程追溯管理体系,实现了农业投入品使用的标准化,并提供了质量的背书。宋茗白茶不再是一个单纯的茶叶品牌,它的价值不仅在于为消费者提供高品质的茶叶,更在于带动当地产业发展和当地就业,引领当地茶企的数字化转型,为社会输出一个可参考的数字化生产管理体系,让消费者拥有透明可追溯的采购方式。

综合而言,宋茗白茶让数字化转型为自身品牌价值提升服务,一是提升了消费者对溯源的信任度,做到了精准销售,二是解决了原产地认证难题,三是保证了茶叶品质稳定,巩固了核心竞争力,让品牌再上了一个台阶。

六、未来的抉择

宋茗白茶与安吉白茶品牌共生的策略,成功地让宋茗白茶与安吉白茶紧紧联系在一起,既让宋茗白茶始终保留着独一无二的产地特色,在商业发展的同时让更多人了解安吉白茶,探寻安吉白茶,还提供了安吉白茶高质量发展的样本,带动了安吉白茶整体的发展与绿色增效,形成了互促共进的良性循环,促进了农民的增收与村集体经济的壮大,让一片叶子带动更多人致富。

已成为全国十佳农民、全国农村创业创新优秀带头人的许万富,望着公司背后满山坡葱翠的茶园，想到茶叶市场近几年新发生的许多变化，一种对未来的忧思浮上心头。公司内部以及外部合作伙伴，最近对宋茗白茶是否要进一步突破安吉白茶领航者的定位有了一些不同的声音。

一是品牌年轻化。随着中国年轻人民族自信心的增强，中国文化已成为一种强大的消费元素，国货品牌也逐渐步入时尚消费的行列，中国茶叶也已成为国货的代表。国内茶叶行业消费者结构已发生变化，茶叶消费者年轻化趋势更加鲜明。此类人群生活节奏加快，并有着对愉悦、新鲜体验的追求，创新茶、即饮茶、袋泡茶快速发展并得到他们的青睐。宋茗白茶是否要延伸产品线以吸引爱好新式茶的消费者？这样会丰富还是损害品牌形象？

二是品牌数字化。新冠疫情防控期间，一方面线下流通渠道受阻，另一方面人们更加注重自身健康，使得茶叶电商销售额大增，茶叶作为与"健康""免疫力"等关键词存在关联的产品被推荐推广。目前，宋茗白茶只有官方旗舰店，是否要增加小程序、微店或其他电商投放渠道？宋茗白茶自身的数字化溯源体系一定程度上可以减少产品质量及安全的风险事件的出现，但更多的渠道环节是否存在其他潜在的风险？

三是品牌国际化。目前，中国的出口茶多以原料茶为主，还没有打造出有竞争力的国际茶叶品牌。随着"一带一路"建设的推进，以茶文化为载体，中国茶叶国际化发展迎来了新机遇。宋茗白茶是否要抓住机会入局，又如何应对文化差异、标准差异、价值差异等亟待解决的挑战？

宋茗白茶下一步应当怎么走？许万富陷入了新的思考，也开始寻找新的发展方向。

第二辑 淬炼:打铁还需自身硬

创新是引领发展的第一动力。对于企业而言,创新在多个方面都具有至关重要的作用。从传统产业到新能源产业,国际化战略的选择需要创新;从高研发高投入到财务数字化转型,"业财融合"需要创新;从创新业务的培育到分拆上市的实施,二次创业需要创新。如何对创新进行全面赋能,已成为当下企业共同的课题。从全球化战略格局、财务转型浪潮下的精准赋能以及前瞻性的业务布局,可以看到,培养内在实力、抓住外部机遇、追求合作共赢或许是企业的成长密码。

第四章　万向集团之创新全球化[①]

　　万向集团自 1984 年施行国际化战略以来,历经 30 余载,以集成整车底盘系统为核心,逐步实现各个关键零部件产品的开发,其间收购了以舍勒和洛克福特为代表的多家知名零部件企业,成功将企业打造成为汽车零部件生产巨头。随后,董事局主席鲁冠球又将目光锁定在新能源汽车领域,先后收购 A123 系统公司和菲斯科公司。万向集团在新能源汽车领域如何克服困难,完成对顶尖技术企业的收购? 收购后如何留住并激励创新团队? 如何整合被收购的企业进行协同,发挥并购的最大价值? 如何设计创新治理体系? 万向集团管理层亟待解决这一系列难题。

　　在万向集团 30 余年的国际化进程中(如表 4-1 所示),董事局主席鲁冠球深深体会到企业发展必须实施"走出去"战略,学习国外的先进技术和管理经验,更好地利用国际国内两个市场、两种资源,去参与国际竞争,从而掌握市场主动权。

---

① 本章作者为魏江、王丁、王诗翔、吴琳。

表 4-1　万向集团国际化进程

并购年份	并购对象	控股比例	市场定位
1997	英国 AS	60%	汽车轴承营销公司
2000	美国舍勒	100%	汽车零部件供应商
	美国 LT	35%	汽车零部件供应商
2001	美国 UAI	21%	汽车零部件供应商
2003	美国洛克福特	33.5%	汽车零部件供应商
2005	美国 PS	60%	汽车零部件供应商
	美国 GBC	100%	汽车零部件供应商
2007	美国 DANA	—	汽车零部件供应商
	美国 AI	30%	汽车零部件供应商
2008	美国福特蒙罗	100%	汽车零部件供应商
2009	美国 DS	—	汽车加热器和汽车水箱供应商
	美国 Vista-Pro	100%	汽车零部件供应商
	美国 GSS	100%	汽车零部件供应商
2010	美国 T-D	100%	汽车零部件供应商
	美国 D&R	51%	电动汽车电池供应商
2013	美国 BPI	100%	汽车零部件供应商
	美国 A123	80%	锂电池制造商
2014	美国菲斯科	100%	电动汽车生产商

　　从 1984 年把万向节①销到美国算起,万向集团的发展在国际化道路上经历了四个阶段,结合国际化战略动因的六种类别进行匹配,分别是产品"走出去"、人员和企业"走出去"、资本"走出去"以及品牌"走出去"(如表 4-2 所示)。

　　在国际化初期,万向集团以市场寻求型和资源获取型为主,较为注重产品、市场这类有形资源。随着国际化水平提升,万向集团的国

---

　　①　万向节,即万向接头,是实现变角度动力传递的机件,用于需要改变传动轴线方向的位置,它是汽车驱动系统的万向传动装置的"关节"部件。

际化战略转变为战略资产获取型和产业推动型,越来越关注核心技术、品牌形象等无形资源。

表 4-2　万向集团各阶段国际化动因类型

国际化战略动因类型	阶段一:产品"走出去"	阶段二:人员和企业"走出去"	阶段三:资本"走出去"	阶段四:品牌"走出去"
市场寻求型	出口万向节产品			
资源获取型		获得海外市场信息,获得国际化经验		
效率获取型				
战略资产获取型			获取零部件领域核心技术,打造国际品牌	获取新能源高端技术,获得研发团队
制度推动型	改革开放的推动作用	熟悉东道国制度,规避贸易壁垒	积极参与国际竞争与合作的"走出去"政策	国内鼓励新能源汽车发展
产业推动型				新能源汽车产业的广阔前景

拓展阅读

国际化战略

国际化战略是指让企业在本国市场以外销售产品或服务的战略。在一些情况下,企业通过国际化战略将业务拓展到更多的国家。国际化战略包含企业国际化动因、国际化战略选择和国际市场进入模式等方面内容。企业利用国际化战略将其业务拓展到海外市场的动因较多,具体可以归纳为以下六种类型:市场寻求型、资源获取型、效率获取型、战略资产获取型、制度推动型和产业推动型。

> 企业的国际化战略由总部来指导，而业务层和外国子公司管理者根据战略类型提供大量支持。国际化战略分为两个维度——全球整合的需求和本土迅速反应的需求。这两个维度组合形成了三种类型的国际化战略，分别是全球化战略、多国化战略和跨国化战略。企业要根据自身业务特点灵活选择国际化战略。
>
> 企业进入国际市场的模式有五种，分别是出口、特许经营、战略联盟、收购和新建全资子公司。每种模式都有其各自的优缺点，最终选择的方式是行业竞争条件、国家环境、政府法规等外部因素与企业本身独特的资源、能力和核心竞争力等内部因素综合作用的结果。进入模式的选择会影响国际化战略成功与否。在多国市场竞争的大型企业通常采用多个或者全部的进入模式。

一、阶段一：产品"走出去"（1984—1991年）

"单是会赚本国的钱，不算本领。有本领，就要去占领国际市场，赚外国人口袋里的钱。"

改革开放之初，为了实现"以外销促内销"的目标，万向集团开始初探海外市场。1984年，与美国舍勒公司在国际市场的合作是万向集团国际化的开端，也标志着中国零部件首次进入被誉为"汽车王国"的国际市场。自此，万向集团制定了国际化发展的长远方针——第一步，从生产进口汽车万向节入手，为国家填补空白；第二步，在实践的基础上提高质量，同国外产品展开竞争；第三步，实现产品出口。万向集团在"三步走"方针指引下，在万向节技术和质量上形成了绝对优势，由此奠定了其在国内万向节行业老大的地位。同年，舍勒公司派人到杭州万向节厂（万向集团前身）进行实地考察，当场就签订了3万套万向节的订单。

1986 年,万向产品已先后出口到澳大利亚、泰国、菲律宾等国家和地区。1987 年,舍勒公司向万向集团提出"垄断性"的包销要求:凡是杭州万向节厂的产品,都需要经过舍勒公司包销才能出口美国市场。若同意,则增加订货量,同时,舍勒公司也会提供技术设备等方面的大力支持。若不同意,舍勒公司或将减少杭州万向节厂的订货量。

面对舍勒公司的威逼利诱,鲁冠球果断拒绝了这一要求,表示"宁可暂时受点损失,也不能把外销权统统包给他们一家经营"。鲁冠球对身边的人解释道:"我厂是中国唯一的万向节出口基地,好不容易有了这个窗口,不能把开关窗口的权力交给美国人。而且,1987 年以来,有将近 20 个国家和地区的客商来厂订货。尽管它们的订货量现在可能很小,但国际市场的行情是千变万化的,出口创汇①要有长远眼光,要想立于不败之地,就要把主动权掌握在自己的手中。"

鲁冠球以独到眼光看到,既然舍勒公司愿意独家包揽万向集团在美国的市场,就说明万向产品在美国市场具有竞争力和需求潜力。于是,鲁冠球半个月以后就飞到美国,拜访美国客户,希望与客户建立直接的战略伙伴关系。没有想到,经过短暂的阵痛,万向集团的独立营销战略收到了出乎意外的效果——1987 年,开发出 60 多个新品种,打开了日本、意大利、德国等 18 个国家的市场;1 年时间创汇 230 万美元。更没有想到的是,同年圣诞节前,舍勒公司在世界各地转了一圈后,捧着一只铜鹰来到万向集团,希望重新签订供货合约,但不是包销合约。就这样,万向集团依托万向节这一明星产品打开了国际市场,开启了国际化之旅。

二、阶段二:人员和企业"走出去"(1992—1998 年)

"在洋人的地方,用洋人的资源,做洋人的老板,赚洋人的钞票。"

---

① 出口创汇是通过对外贸易中的出口取得外汇的活动。它是一个国家外汇的主要来源。

鲁冠球意识到"越是国际化越要本土化",因此,为了进一步融入美国主流市场,万向美国公司于1994年应运而生。万向美国公司由一位年轻人倪频全权负责,属于万向集团的全资海外公司,负责万向国际市场体系的建设与相关品牌的创立和管理。1992年,倪频怀揣不足2万美元来到美国,一边攻读博士学位,一边创建万向美国公司。彼时的万向美国公司还仅仅是美国市场上一个不起眼的维修站,陌生的环境、短缺的资金、房东的刁难,让倪频深感创业艰难。外界的鄙夷与奚落声更是给他带来巨大的压力,甚至有人建议他"回肯塔基养马比较有前途"。然而,倪频硬是凭着"诚信"二字敲开了美国市场的大门。

万向美国公司成立之初,曾经有客户要求退货,倪频连夜开了7小时车给客户退回还带着身体余温的支票。为打入美国通用汽车公司,万向美国公司从1996年开始送样品到通用汽车公司,先后送了5次,终于在1997年得到其原始整车部件的订单;从该年开始,万向美国公司将万向产品与通用汽车公司配套,成为第一家进入美国主流汽车配套市场的中国汽车零件企业。1998年,万向美国公司销售收入实现跳跃式增长,由1997年的2000万美元跃升至3500万美元,总资产达1503万美元,成长为美国中西部规模最大的中资公司。1999年,万向产品又进入了美国福特汽车公司的配套体系。经过若干年的努力,万向产品在美国市场站稳了脚跟。随后,万向的汽车零配件在美国继续畅销,又打入克莱斯勒等汽车制造商的零件配套体系。

随着公司发展水平和影响力的提升,万向美国公司赢得了美国人的尊重。2002年8月12日,美国伊利诺伊州政府将每年8月12日命名为"万向日",以表彰倪频和万向美国公司在美国取得的卓越成就,以及对中美经贸往来、伊利诺伊州经济贡献的肯定。这是美国唯一一个以中国企业名称命名的纪念日。

万向美国公司的成立也为其日后在美国的并购与整合埋下了伏

笔。倪频敏锐地洞察到,要打入美国主流市场,就必须远离"唐人街",坚持"美国化"原则,将万向美国公司定位为一家美籍公司。因此,万向美国公司把总部选址在位于芝加哥的工业园区,并严格遵守当地的法律法规。在当地经营时间越长,当地政府和媒体对其了解越全面透彻,再加上万向美国公司一直注重在美国树立企业的良好形象,争取当地政府和媒体对其理念、做法的认同,使得美国伊利诺伊州政府成为万向美国公司并购行动的重要支持者。

万向美国公司的"美国化"经营准则还体现在用人和合作伙伴"美国化"方面。在用人上,倪频没有采用大量派驻国内员工的办法,不是把自己视作当地的"少数民族",而是大规模雇佣当地员工。此外,倪频不仅在并购企业中继续聘用原有管理人员和员工,还采取当地化治理模式。在万向美国公司中,中方人员只有 6 人,其余 920 多名都为当地招聘的员工,有美国人、英国人、德国人、澳大利亚和墨西哥人,也有中国在美的留学人员。万向美国公司选择优秀的当地企业作为合作伙伴,既有花旗银行、美林公司等金融机构,又包括福特、宝马和德尔福等知名的整车与零部件企业。万向美国公司一系列"美国化"经营准则使得企业并购后的跨文化整合障碍大大减少。

三、阶段三:资本"走出去"(1999—2012 年)

"我们过去把零部件卖到美国,后来我们在美国生产零部件,再后来收购美国企业在美国生产……美国现在每两辆车中就有一辆是万向的产品。"

(一)收购舍勒,破茧成蝶

2000 年,为了进一步拓展核心产品的国际市场,抢占技术高地,万向集团在美国收购了世界上万向节专利最多的舍勒公司。正所谓"三十年河东,三十年河西",当初牛气冲天的舍勒公司,10 多年之后被万向集团全资纳入麾下。始建于 1923 年的舍勒公司是美国汽车维修市场上三大零部件供应商之一，是世界上拥有万向节技术专利最多的企业，在万向节市场具有强势的品牌和销售渠道，万向集团曾为其贴牌生产长达 14 年。然而，舍勒公司最终被万向集团以 42 万美元（难以想象的低价）收购了品牌、专利技术、专用设备和市场网络。之后，万向集团将舍勒公司的所有产品全部拿到国内工厂来生产，在美国仍以舍勒公司的品牌销售，实现了以国内低成本生产，以国外高价格销售。此次收购还使万向集团取代舍勒公司成为全球万向节专利最多的企业。正如鲁冠球所说："我们通过把万向节一个产品做精、做专、做大、做深，终于在市场上有了自己的地位。"

（二）收购 UAI，链接美国资本市场

为了打通链接资本市场的通道，万向集团收购了在纳斯达克上市的美国 UAI 公司，开创了当时中国乡镇企业收购海外上市公司之先河。UAI 的主要业务是制动器零部件，作为美国零部件的主要供应商之一，UAI 占有大量的市场份额，并于 1994 年在纳斯达克上市。2001年 8 月，万向集团收购 UAI 公司 21% 的股份，成为其第一大股东和共同董事长。收购 UAI，不仅提升了万向集团国际零部件的市场份额，还起到了跨国界市场融通、技术共享、优势互补的作用。不幸的是，UAI 处于夕阳行业，没有强大的品牌，经营每况愈下。而万向集团采用的是风险投资的治理结构和管理方式，将所有希望完全寄托在 UAI 原来的团队上，并未参与 UAI 的日常经营。因此，在万向集团收购UAI 4 年之后，UAI 破产清算，并最终倒闭。

（三）接连海外征战，铸就辉煌

为推动自身国际化进程并驱动整车业务，万向集团在收购 UAI 后进一步加快了跨国并购的步伐。随着万向美国公司当地化经营的成熟，自 2003 年起，万向集团进行了数十宗收购，其中，典型事件包括：

2003 年,万向美国公司并购了美国洛克福特公司。洛克福特是翼形万向节传动轴的发明者和全球最大的一级供应商。万向集团收购后,将其由制造公司转型为技术服务公司,在帮助洛克福特转型的同时,也实现了自身的升级转型。

2005 年,万向美国公司完成对 PS 的收购,打通了向福特、克莱斯勒和通用汽车等汽车制造公司供货的渠道。同年,万向集团收购了美国历史最悠久的轴承生产企业 GBC,获得了完整的市场网络,并与最大的汽车配件供应商 TRW 形成战略合作关系。

2007 年,万向集团收购了全球最大传动系统制造商 DANA,加快动力系统建设。同年,万向集团收购了美国 AI,标志着万向集团直接进入美国汽车产业链的核心层。

2009 年,万向集团成功收购了美国 DS 汽车转向轴业务的所有有效资产,包括全部专利及知识产权,新公司年产量达到 100 万—150 万根转向轴。DS 的前身为 Timken 下属转向轴业务分部,其业务主要集中于美国三大汽车制造商。同年,万向集团收购了美国维修市场汽车加热器和汽车水箱第一大供应商 Vista-Pro。

2010 年,万向美国公司完成了对 T-D 的收购,新增年产 200 万支传动轴、450 万支等速驱动轴产能。

万向集团开创中国民营企业收购海外上市公司的先河后,率先成为福特、通用汽车等汽车巨头的战略合作伙伴。一次次成功的海外并购使万向集团在汽车零部件领域持续得到先进技术加持,打开了产品市场的世界渠道。倪频诙谐地把万向比作 M&M's 巧克力:"美国有个著名的巧克力品牌叫 M&M's,而我们就是 M&M's。刚开始我们从中国来到美国,带来了低成本产品,这是用低成本劳动力优势生产的,所以第一个 M 就是 material;美国经济危机的时候,我们带来了资本,所以第二个 M 就是 money。"

> **拓展阅读**
>
> ### 跨国并购理论
>
> 　　有关企业跨国并购的理论主要来源于跨国直接投资理论和企业一般并购理论的结合。跨国并购的基本含义是,一国企业为了某种目的,通过一定的渠道和支付手段,将另一国企业的整个资产或足以行使经营控制权的股份收买下来。跨国并购包括横向跨国并购、垂直跨国并购和混合跨国并购三种类型。企业进行跨国并购的动因较多,具体包括增强市场影响力、克服进入障碍、实现多元化发展、减小新产品开发风险、学习和发展新的能力等原因。
>
> 　　跨国公司进行跨国并购,其目的是追求并购带来的战略价值,而这种价值是通过整合实现的。跨国并购整合是指跨国公司对目标公司实施并购后,根据并购目的对目标企业资产(包括有形资产和无形资产)进行全面的、彻底的、全方位的组合和再造。并购后整合包括公司战略整合、制度整合、组织结构整合、规章制度整合、资本整合、市场整合、营销整合、技术整合、信息系统整合、人力资源整合和公司文化整合等诸多方面。

四、阶段四:品牌"走出去"(2013年至今)

"我们要做一个口碑、一个牌子,让车子不只是车子,而是万向的牌子。"

(一)收购A123,峰回路转

在万向成为汽车零部件生产巨头后,鲁冠球前瞻性地将目光锁定在新能源汽车领域,力图将万向打造成知名的新能源汽车品牌。2013年1月,万向集团在经历跌宕起伏的收购过程后,终于以2.65亿美元成功收购了美国最大锂电池制造商A123。万向集团在国际化进程中强调"从重有形转变到重无形,强化软实力,接轨跨国公司运作"的转型。鲁冠球说:"我们要做一个口碑、一个牌子,让车子不只是车子,而是万向的牌子。整车出来一定要一炮打响。"而电池是新能源汽车的关键部件,为了造好车,万向集团瞄准了享有"新能源明星公司"美誉的 A123。A123 是美国一家研制和生产高级、大功率、长寿命安全锂离子能量存储设备的厂商,但由于经营效益不佳以及因产品质量问题而出现大规模召回事件,这家公司濒临破产。这为万向集团并购A123,获得新能源电池尖端技术,进军新能源汽车领域提供了难得的机遇。

但是,万向集团收购 A123 的过程并非一帆风顺,困难接踵而来。万向集团在 2012 年宣布收购 A123 时,就遭到了来自美国政界、商界等知名人士的质疑和反对。美国国会数十名议员联名反对将 A123 卖给万向集团,美国退役将军和行业专家也纷纷发表公开信指责万向集团"窃取"美国的新能源尖端技术、"攫取"美国政府补贴。甚至还有人在 A123 的军工订单上大做文章,认为万向集团并购 A123 的举动会泄露军事机密,威胁美国的国家安全。此外,万向集团的此次并购还面临着各大媒体的狂轰滥炸。美国的《华尔街日报》等主流媒体对万向集团收购 A123 一事进行了广泛报道,其中 30 余篇文章表达了对此次收购的质疑,并呼吁美国政府进行严格审查。更有甚者,有的媒体还大炒"中国威胁论"概念,以此攻击万向集团,认为此次收购是扼杀美国制造业复兴的"阴谋"。

面对美国各界的质疑,万向集团没有参与这场"口水仗",而是投入更大的精力和资源帮助 A123 摆脱困境。万向集团主动向外界承诺,整体收购 A123,保证并购后不会关停美国的工厂,不会裁员,并为A123 量身定制了收购后的复兴方案。这一策略与竞争对手形成了巨大的反差,万向集团的竞争对手往往只对 A123 部分技术感兴趣,并购后关停工厂和裁员在所难免。万向美国公司聘请资深的整合专家汤姆·科克伦（Tom Cochrane）"出山"，帮助 A123 扭转现金流失的局面。同时，万向集团谨慎采用了"避免问题政治化"的策略，主动剥离军工业务。在尽职调查中，凡是涉及军工业务的部分，万向集团的人员都主动回避，对 A123 军工业务的大楼更是"连看都不看一眼"。此外，万向美国公司更加强调自身的"美国属性"，其利润全部用在美国进行投资，产品全在美国生产，交的是美国税，雇佣的也是美国人，与其他美国公司并无差别。万向美国公司还邀请部分质疑万向集团收购 A123 的社会人士、议员参观万向集团在美国收购的公司以及全美 14 个州的 28 个工厂，听听万向集团 5600 名北美雇员的心声。万向集团的实业精神、创造精神得到了美国主流媒体、主流阶层的肯定。万向美国公司所在地芝加哥市的前市长理查德·戴利（Richard Daley）以及之前质疑万向集团收购的美国前太平洋舰队司令、退役上将、前情报总监丹尼斯·布莱尔（Dennis Blair）都撰文支持万向集团对 A123 的收购。

然而，强大的竞争对手美国江森自控公司此时横空出世，A123 突然宣布与万向集团终止之前的投资协议，转而与江森自控合作，使之前万向集团的所有努力化为泡影。A123 首席执行官大卫·维奥（David Vieau）在声明中表示："我们决定，不继续推进之前宣布的跟万向集团的合作，因为遇到了一些预想不到的巨大挑战。自从宣布与万向集团合作之后，我们一直在评估可能性。"但令人颇感意外的是，A123 和江森自控随后的动作让这桩几乎"黄了"的买卖出现了转机，使万向集团与江森自控在 A123 的破产资产竞拍中重新展开角逐。

万向集团组织国内技术、运营管理人员对 A123 进行了详细的尽职调查，先后近 20 人通过详细的价值调查与分析，全方位了解了 A123 的客户资源、技术优势、运营制造、资产库存以及汽车业务、储能业务、启停电池业务等，并对所有可能的竞拍资产和业务的价值做了详尽的分析与评估。为保证国外投资审查委员会的批准，万向集团联合美国当地有军工业务背景的企业联合投标,并有针对性地剥离A123的军工业务,为竞拍扫清了最后的障碍。在A123资产拍卖中,万向集团与江森自控展开了激烈的竞拍,从上午8点开始,一直持续到第二天的清晨5点,共进行了六轮报价,每一轮报价都要对所有的资产价值进行重新分析,不断挖掘所有资产、业务的潜在价值,判断其可行性。终于,竞争对手经过漫长的闭门会议后,宣布放弃,万向集团最终赢得了竞拍。

万向集团成功收购A123后,如何才能既扭转亏损局面,又留住和激励创新团队,是摆在鲁冠球、倪频等高层决策团队面前的重大使命。并购后,A123数次出现核心团队成员离职的现象,倪频敏锐地意识到"A123的核心资产是技术和创新团队。如果失去技术团队,那么此次并购也就失败了"。为了稳定美国团队,尽快实现融合,万向高层决策团队提出了"中国投资、美国运营、全球市场、技术创新、提升中国"的整合理念,充分授权A123的管理团队,果断决定由其对万向集团全球的电池业务进行统一整合和经营管理。万向集团全球电池业务由A123的CEO负责,整体沿用A123完整的管理理念和操作体系,项目全球同步推进,万向集团在项目、市场和现金流等各个方面给予充分支持。万向集团没有派一个人进入A123的管理团队,仍然用A123原有的人才队伍,更是把国内培育了13年的人才和广阔的中国市场交给了A123,让A123拥有了更多资源和更大平台。A123团队和国内团队互访互帮,学习对方的长处,弥补自己的短板。充分信任、强有力支持、完全授权等举措让A123重新焕发了生机。目前,A123已经在启停电池、储能等多项技术上实现了突破,并成为奔驰、宝马、保时捷、捷豹等知名企业的稳定供货商。曾经每天亏损约100万美元的A123起死回生,实现了赢利。

(二)收购菲斯科,凤凰涅槃

万向集团以A123为阵地,步步为营,进一步深入新能源汽车领域。2014年,万向集团出击菲斯科公司,历经一波三折的收购历程,终于以1.492亿美元的收购价击败了"小超人"李泽楷旗下的混合动力技术控股公司,入主菲斯科。

成立于2007年的菲斯科一度和美国电动汽车巨头特斯拉齐名。与特斯拉生产豪华纯电动汽车不同,菲斯科选择的路径是生产豪华插电式混合动力汽车,但由于经营不善与财务控制不力,菲斯科濒临破产边缘。收购伊始,李泽楷团队可谓占尽先机,仅以2500万美元的低价就拍下美国能源部1.68亿美元贷款的债权,这时候李泽楷既是主要债权人,又是股东,胜券在握。

但是美国人似乎更青睐深度"美国化"的万向集团,菲斯科债权人为了维护自身利益,主动邀请拥有菲斯科唯一电池供应商A123的万向集团来参与此次收购,因为没有A123提供的电池,菲斯科就没有办法运营,其产品开出停车场都很困难。如果菲斯科更换新的电池供应商,则需要耗费几年时间才能研发配套成功。然而,菲斯科的债权人不能忍受这个等待时期,因为有可能错失市场机会。万向美国公司此次收购菲斯科,虽然也受到了外界"偷窃美国技术"的质疑,但是反对的声音不似之前收购A123时那样呈一边倒的态势。

此次收购,美国政府官员与媒体纷纷把橄榄枝投给了万向集团,美国特拉华州州长杰克·马克尔(Jack Markell)、美国联邦重量级参议员汤姆·卡珀儿(Tom Carper)与众议员约翰·卡尼(John Carney)分别上书法庭,表示支持万向美国公司竞购。《华盛顿邮报》也报道了万向美国公司的一系列发展规划,其对特拉华州的经济、就业及环保方面都将产生有利影响。于是万向美国公司半路杀出,依靠当地民众和政府的支持、对美国商业规则的熟练把握以及翔实的菲斯科复兴思路,终于在与李泽楷团队的反复交锋中胜出。万向美国公司成功将菲斯科收入囊中,标志着鲁冠球距离他的"造车梦"又近了一步。2016年9月,更名Karma的菲斯科在注入万向基因后浴火重生,旗下首款增程式混合动力汽车 Revero 在美国南加州正式亮相，该车是当时世界上唯一具备电、油、太阳能三种动力来源的新能源车。

使菲斯科恢复生产相对容易，而使其产品大批量生产并长期赢利，对于万向管理团队来说，依然有一条很长的路要走。菲斯科一直以"没有掌握真正的技术"而被同行所质疑。菲斯科是轻资产企业，自身仅掌握外观设计等部分，而关键的部件则依靠外部提供（如表 4-3 所示）。例如，菲斯科产品的电池来自 A123，电动机来自精进电动科技股份有限公司，发动机使用的是通用汽车生产的 2.0 升发动机。一旦这些零部件供应商出现问题，则很容易产生严重的连锁反应。之前菲斯科濒临倒闭就是由 A123 电池起火引起的。

表 4-3　菲斯科关键零部件来源

零部件名称	供应商
发动机	通用汽车
电机	精进电动科技
飞轮总成	采埃孚
联轴器	传美科
冷却液泵	皮尔博格
变频器	伟巴斯特
牵引电机	精进电动科技
混合动力控制模块	伟世通
高压电池组	A123

不同于菲斯科，A123 自身形成了一套完善的技术体系和技术团队。因此，与 A123 相比，万向集团整合菲斯科的难度更大。在并购完成后，万向集团没有如曾经承诺的那样——在 4 个月内重启菲斯科的生产，而是一拖再拖。菲斯科的汽车还存在着大量的技术难题，光需要解决的缺陷问题就有 250 个之多，并且自收购以后，菲斯科的原班人马和技术人员几乎全部离职，后来菲斯科的多家关键供应商又纷纷

转投其他厂商,关键零部件短缺使生产陷入了停滞。特别是合作伙伴Vesper Lynd(VL)的"倒戈",更是使万向集团把菲斯科汽车的生产工厂从芬兰Valmet工厂搬到VL美国密歇根工厂的计划也化为了泡影。随后,万向集团虽然重新组建菲斯科团队,邀请来自威蒙积泰汽车公司(WMGTA)和通用汽车的优秀人才加盟,寻求与量子公司合作,由其为菲斯科提供电控,还积极将位于加利福尼亚州的Moreno Valley工厂投入建设,但是,如果想要未来在新能源整车业务上一展拳脚,万向集团就必须将菲斯科与A123等关键零部件厂商进行更加深度的整合。

因势而变是万向集团的美好品质,也是万向集团能不断发展壮大的原因。比如,在国际化战略选择上,依据多国化、全球化和跨国化的战略分类,万向集团开始进入国际市场时,主要采用全球化战略,向国际市场出售其万向节产品。在海外经营经验缺乏、汽车零部件市场竞争激烈、国际市场排斥中资企业的背景下,万向集团只能采用全球化战略,凭借成本优势来出口万向节产品,以打开美国市场。而随着经营环境的变化,万向集团更加迫切获得东道国的认可,因而对其国际化战略进行了调整,采用多国化战略,推行"本土化"经营准则。在成功收购A123与菲斯科后,寻求国内外联动和知识技术整合,建立一体化网络以进行"弹性协调"(如图4-1所示)。

再如,在国际市场的进入模式选择上。国际市场的进入模式一般包括:出口进入模式,如直接出口和间接出口;合同进入模式,如许可证贸易、特许经营、合同制造等;投资进入模式,如合资经营(收购当地公司部分股权、共同出资创办新企业)、独资经营(绿地投资、并购、创办新企业)等;战略联盟;等等。不同的进入模式具有各自的特点。影响国际市场进入模式的因素既包含东道国市场、生产和环境等外部因素,也包括企业自身产品、资源和国际化动因等内部因素。国际市场进入模式存在动态性,即企业为了进入国际市场可以根据时势变化采

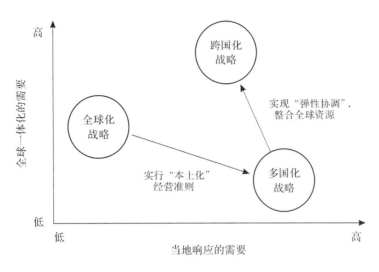

图 4-1　万向集团国际化战略类型演变

用不同的进入模式,也可以在不同的市场中采用不同的进入模式,还可以在同一时间共同使用几种进入模式。万向集团也是如此,在国际化初期,由于缺乏对国际市场的了解,万向集团主要选择产品出口的进入模式,而万向美国公司的建立则标志着万向集团的进入模式转变为投资进入模式,增强了对国际市场的控制权。在这之后,万向集团在国际市场进入模式的选择上更为灵活与娴熟。如在并购菲斯科过程中,万向集团以万向美国公司为收购主体,联合 VL 共同竞购菲斯科。在这起并购案中,万向集团综合了投资进入、战略联盟等多种进入模式,从而有效扫清了并购障碍,保障并购成功(如图 4-2 所示)。

1984 年以来,万向集团的全球化之路一步一步走得越加踏实,为其走向更远的未来奠定了基础。当然,其全球化路径也为中国企业"走出去"提供了启发与思考。

五、两大业务格局国际化

(一)零部件业务国际化

万向集团致力于汽车零部件的制造,从零件到部件,再到系统,旨

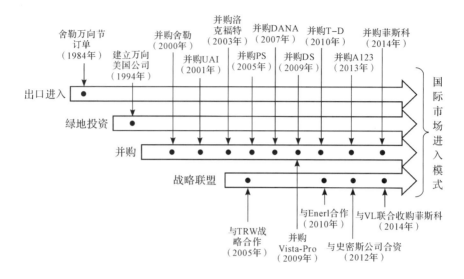

图 4-2　万向集团国际市场进入模式

在全面发展现代新型工业;现有万向节、轴承、制动器等八大系列,共计几千个品种,设有 20 余家专业化零部件生产工厂。其主导产品有底盘及悬架系统、汽车制动系统、汽车传动系统、轮毂单元、轴承、精密件、工程机械零部件等汽车系统零部件及总成。在国外,如美国、英国、德国等 10 个国家,万向集团拥有近 30 家公司、40 多家工厂,海外员工超过万人,是通用汽车、大众、福特、克莱斯勒等国际主流汽车厂配套合作伙伴,主导产品市场占有率为 12%。

1984 年,万向集团制造的钱潮牌万向节十字轴总成通过舍勒出口到美国维修市场后,鲁冠球并不陶醉于万向节出口带来的成功,而是在底盘系统集成与自主开发设计思路的驱动下,立足国际市场,紧密围绕汽车零部件业务,不断拓展万向集团的产品线。1997 年,鲁冠球将目光投向欧洲的轴承市场,收购了英国 AS 60% 的股份,帮助万向集团在欧洲拓展了轴承的销售。2000 年,万向集团收购舍勒,如虎添翼,一举成为万向节专利最多的企业。同年,万向集团还收购了LT,进一步获得了轮毂的制造与装配技术,还建立了北美第一个加工、装配基地。2001年,万向集团收购了UAI。UAI是美国汽车制动器零件的主要供应商之一,此次收购活动恰如其分地对接了万向集团刚刚上马的制动器业务。而2003年并购洛克福特,则使万向集团获得了以翼行万向节技术为代表的多项专利和技术。

2004—2013年,万向集团又陆续兼并了GBC、DANA、BPI等多家汽车零部件生产、销售企业,获得了轴承、传动轴、转向轴、刹车片等尖端的专利技术和世界顶级的研发团队,成功集成了底盘业务系统的各个单元模块(如图4-3所示),为未来大举进军整车业务打下了坚实基础。正如鲁冠球所说:"万向集团产品的发展方向是从一个零件、一个部件再到系统集成,形成了以汽车底盘系统为主的八大系列,共计几千个品种,主导产品产量居国内第一,市场占有率达65%以上。"

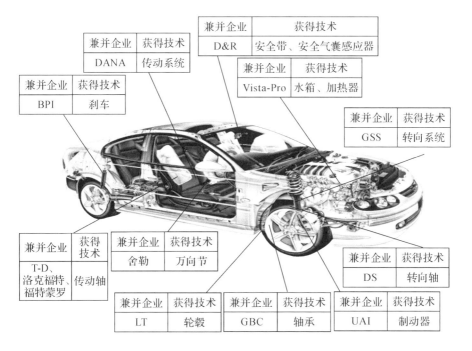

图4-3 万向集团国际化进程中集成底盘技术

(二)新能源业务国际化

鲁冠球说:"我希望留下一个'新能源城',一个做成全球榜样、样板工程的'新能源城'。"其实,早在 20 世纪 90 年代末,鲁冠球就前瞻性地将目光锁定在了电动汽车领域。为了实现电动汽车梦,早在 2000 年,鲁冠球就确定了"电池→电机→电控→电动汽车"的整车发展思路。2009 年是万向集团造车历程的转折年,万向集团宣布投资 13.65 亿元建设国内规模最大的车用动力电池制造基地,并宣布年底就能投产并达到年产 1000 辆纯电动商用车、10 亿瓦时锂电池的产业规模,成为国内首家获得电动汽车"准生证"的企业。

2010 年 5 月,万向集团与专注于动力电池和燃料电池业务的 Enerl 合资。Enerl 是美国能源部和美国先进电池联盟确定的 6 家核心电动汽车电池供应商之一,合作项目首期投资 3 亿多美元,在杭州建立全自动化的电芯及电池系统生产基地。2012 年 2 月,万向集团与美国史密斯电动汽车公司签订协议建立合资子公司,计划投资 1 亿美元。2013 年 1 月 29 日,万向集团以 2.566 亿美元的价格收购了美国规模最大的锂电池制造企业 A123,并有针对性地从全球领先电池制造商 Leyden 能源中专门购买专利,用于集团的电动汽车项目;同年 5 月,万向集团联合美国的 VL,向菲斯科发起竞购冲击,最终收购成功,获得菲斯科 18 项外观设计与技术发明专利,以及至少 18 项正在审核中的专利,还借此无障碍打入相对成熟的美国市场。至此,万向集团拥有全球规模最大的新能源汽车人才队伍之一,拥有 4 个动力电池制造基地(即杭州、常州、波士顿、底特律),形成 5 亿安时动力电池及系统产业能力。同时,万向集团在清洁能源领域建成多个天然气发电厂、风力发电基地。通过这一系列举措,鲁冠球为万向集团的"新能源城"打下了坚实基础。

六、国际化战略困局及未来发展方向

一次,万向集团董事局主席鲁冠球刚开完集团办公会议,就接到了来自大洋彼岸负责经营万向美国公司的总经理倪频的电话。"菲斯科这边有几个技术专家离职了,因为他们听说要派遣到中国来组建Karma电动汽车制造基地,都不愿意过来。而且,美国本地的电动汽车还没有恢复生产,部分关键零部件供应商都转向为其他企业供货。如果要同时做好美国和中国两个电动汽车基地,挑战很大。"倪频不无担忧地讲。放下电话,鲁冠球回想起万向集团之前收购A123和菲斯科时所经历的种种挑战,深感新能源汽车这条路道阻且长。并购仅是万里长征第一步,并购后的整合才是决定菲斯科复兴和大规模推出Karma品牌的关键。在万向集团并购菲斯科以后,尽管鲁冠球、倪频在整合工作上始终小心翼翼,还是难以阻挡菲斯科部分骨干离职和部分关键零部件供应商转向;原先的合作伙伴VL突然被竞争对手WMGTA收购,更是令公司措手不及。种种阻碍使原本承诺的4个月恢复菲斯科运营一延再延。菲斯科是轻资产企业,很多核心技术都是外包的,A123电池起火的召回事件使菲斯科这个曾经与特斯拉同台竞争的企业陷入破产境地。万向集团在并购后必须充分整合技术和研发团队,才能使其不再重蹈覆辙。"我这一代造不了汽车,我儿子也要造。"鲁冠球不禁想起自己曾为"造车梦"许下的豪言壮语,眼神里又多了几分坚定,不无感慨地说:"万向集团现在还欠缺一个'点',才能让万向集团有方向。"

在国际化道路上,万向集团一路高歌猛进,硕果累累,特别是2016年新能源汽车Revero的问世更是将鲁冠球的"造车梦"推向了巅峰。但鲁冠球敏锐地意识到,万向集团未来国际化道路也并非一片坦途,在前进的路上还面临着一系列亟待解决的问题。

（一）国际化的新战略困局

首先，万向集团在高新技术领域的跨国并购举步维艰。万向集团欲通过跨国并购来拓展新能源汽车业务，并购的标的公司主要集中在高新技术领域，而国外对这一领域跨国并购的重重限制给万向集团国际化战略出了一道难题。例如，万向集团在收购 A123 的过程中就面临着多重挑战：万向集团正式宣布收购 A123 后遭到了美国各大媒体的狂轰滥炸，还受到政界、商界等知名人士的反对，"窃取"美国新能源高端技术、"攫取"美国纳税人财富和万向集团的中国背景等都成了美国人反对此次并购的标靶，进一步加大了万向集团此次并购通过美国外国投资委员会（CFIUS）审查的难度。万向集团在收购菲斯科时也面临着一系列关于"窃取美国技术"的指责和李泽楷这样强有力的竞争对手。因此，未来采用何种策略才能帮助万向集团克服重重困难，成功并购更多像 A123、菲斯科这样的高新技术企业，进而抢占技术高地，驱动新能源汽车业务，是万向集团在国际化战略中亟待解决的难题。

其次，并购后双方整合仍非常困难。国际上关于并购有一个"七七定律"，指 70% 的并购没有实现期望的商业价值，其中 70% 的并购失败于并购后的文化整合。现实中，中西方市场体制、文化差异等会对并购后的整合产生巨大影响。万向集团也曾遭遇并购后无法消化的问题。例如，2001 年，万向集团并购美国零部件制造和分销商 UAI 后，并没有使其获得新生，反而在 2005 年宣布破产清算。纵观万向集团几十年的国际化历程，万向美国公司为万向集团攻城略地，成功完成了 10 余起海外并购，但是如果并购后这些企业各自为政，不能有机整合形成合力，则会使并购价值大打折扣。特别是近年来，万向集团致力于发展新能源汽车业务，不遗余力重金收购 A123、菲斯科等企业。曾经就有专业人士批评菲斯科"没有开发真正意义上的技术"，因为它的很多关键部件都需要外包,而 A123 的电池起火事件曾一度使菲斯科面临破产危机。因此,万向集团如何整合这些企业以获得电动汽车的尖端技术,不再重蹈菲斯科破产的覆辙? 这也是亟待解决的问题之一。

再次,收购后的跨国企业治理体系亟待探索。不同于万向集团以往收购的企业,A123 等高新技术企业主要的资产是技术和创新团队,以往拿财务报表对子公司进行框架性约束的做法可能不再适用,那么,如何留住和激励创新团队,如何对这类技术高地企业进行创新治理,如何处理母公司与子公司的关系等问题就都是万向管理层需要深入研究的新课题。目前,Karma 国内基地与美国本土菲斯科公司之间的整合治理,便是一件非常棘手的事情,因为菲斯科是万向美国公司收购的,而万向美国公司又是万向集团的海外全资公司,如何处理好万向集团、万向美国公司、菲斯科和新能源汽车四个方面的关系,考验着决策层的智慧和能力。

最后,高新技术领域存在高风险。万向集团在决定并购 A123 后,关于“是馅饼还是陷阱”的讨论此起彼伏。作为一个独立性很强的高新技术企业,A123 与以往万向集团所收购的制造型企业很不同,A123 不像 LG、松下能够依附于大的工业性集团,这种公司极其烧钱,即使拥有第一流的技术也未必能存活,倪频也坦然承认“新能源业务非常烧钱”。况且,A123 磷酸铁锂电池技术的未来还不明晰,曾经就有过因电池起火而深陷破产危机的事件发生。磷酸铁锂电池也并不是主流的电池技术,与万向集团竞购 A123 的竞争对手都未把 A123 磷酸铁锂电池技术作为收购目标。而万向集团不惜代价押宝 A123,将 A123 作为菲斯科唯一的电池供应商,这一举动很可能将自己置于风险之中。

（二）国际化的未来方向

万向集团在以往零部件领域国际化进程中所积累的经验,或许不能一成不变地用在新能源汽车业务中,所以万向决策层正在反思,未来国际化道路上该何去何从,才能使万向集团走在新能源汽车领域前列? 关于下一步该如何选择国际化战略,万向集团内部也有几种不同的声音。

第一种思路是采用"逆向整合、三角互联"模式。对于轻车熟路的传统零部件业务,万向集团可以仍旧维持原有的国际化路线和治理模式。但是,对于新进入的新能源汽车业务,由于其存在高技术、专业化等特征,如 A123 的新能源技术与万向传统技术存在着天然的隔离,二者用一种模式来整合存在较大难度。因此,有人提出对于新能源企业,应该采用"逆向整合、三角互联"模式。其中,"逆向整合"是指被收购的海外子公司逆向整合国内制造基地。例如,菲斯科是美国电动汽车企业,在人才和品牌上具有领先性,由美国的子公司来整合母公司身边的企业。在这方面,万向集团曾做过一些探索,比如在收购 A123后,万向集团就曾为 A123 的管理层保留了较大的自主权,对尽快恢复生产、留住研发团队等都起到了积极作用。而"三角互联"是指在新能源汽车领域,形成万向集团、万向美国公司和菲斯科三者良性互动的格局,给予菲斯科较大的自主权,以菲斯科为核心整合新能源汽车领域中诸如电池、电动机等关键部件的核心技术。由于菲斯科与 A123等企业在产品上存在较强的互补性和较高的依存度,菲斯科曾经仅掌握外观设计,很多关键部件和技术都依靠外包,所以万向集团收购菲斯科并不代表就能立即在新能源汽车领域拥有一席之地。而在国内重启 Karma 汽车的生产和销售则相对容易,因此可以由菲斯科来整合落地杭州的 A123 和 Karma 制造基地。

第二种思路是继续探索万向集团"双总部"模式,即万向集团为中国业务总部,万向美国公司为海外业务总部。以万向美国公司为核心整合所收购的 A123 和菲斯科等企业,并把世界上先进的技术和知识传给母公司,促进万向集团在新能源汽车领域的创新及其核心竞争力的提升。万向美国公司多年来的"美国化"经验也有利于万向集团在未来突破层层壁垒,在收购中胜出。在与李泽楷团队竞购菲斯科时,万向美国公司就凭借着多年在当地形成的良好口碑获得了政府、媒体和大众的广泛支持,从而推动其在并购中获得成功。

第三种思路是万向集团总部与新能源产业之间直接建立母子公司关系。有人提出,万向集团经过几十年的国际化发展,已经在国际化经验、人才、技术、文化和管理等方面积累了丰富经验,为建立"国内总部—国外子公司"奠定了坚实基础。这样的做法有几个好处,一是传统产业与新能源产业的适度区隔。万向美国公司之前在美国一直是在万向节、轴承领域发展,对于新能源汽车复杂的系统,是没有足够能力和资源来管理和控制的,因此如果要万向美国公司再逆向管理国内新能源汽车业务,显然是不合适的。二是从市场考虑,未来新能源汽车 Karma 是以国内市场为主战场,如果要美国子公司来逆向管理,可能难以适应国内激烈的市场竞争。三是从资源投入来看,进入新能源汽车领域就意味着几十亿资金的巨大投入,这种资源只有依托母公司两家上市公司来支撑,如果要子公司来管理,就要处理"母公司—万向美国公司—菲斯科—杭州制造基地"之间复杂的关系,资源投入过程的博弈会十分麻烦。

对于具体业务发展,万向集团还是有着很多思路。比如,针对未来万向集团总部应如何处理零部件企业与整车产业之间的关系,随着菲斯科进入万向体系,万向集团需要将部分原有的零部件业务整合进整车业务,实现二者的协同发展。同时,万向集团未来还需要进一步整合有关新能源汽车的核心零部件业务,来驱动其新能源整车业务的快速发展。因此,万向集团可以菲斯科为核心,逆向整合其在全球范围内部分传统零部件以及新能源电池、新能源零部件等多项业务,形成以菲斯科为中心、多点互联的战略网络协同机制(如图 4-4 所示),从而为业务间整合和子公司间协同勾勒出一条鲜明的路径。

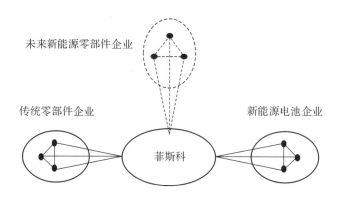

未来新能源零部件企业

传统零部件企业   新能源电池企业

菲斯科

图 4-4   万向集团零部件企业与整车产业整合模式

鲁冠球强调:"万向集团现在整体都要为新能源产业开路。万向集团每年都在提高新能源业务比重,总的方向就是新能源,即电动汽车、电池、风力发电、太阳能发电⋯⋯传统产业的转型也是往新能源转,凡是电动汽车要用的零件照样生产;电动汽车不用的,新产品就不开发。"万向集团的新能源目标非常明晰,但是如何选择合适的国际化战略,如何整合被并购企业的团队和尖端技术,才能让万向集团有一"点"方向,着实值得深思。

第五章 吉利集团:创新破"内卷",财务赋新能[①]

在科技创新成为大国竞争的关键、创新发展成为国家战略的大背景下,财务体系赋能科技创新,已成为当代财务重要的使命担当。财务如何赋能创新,则是财务转型中亟须解决的重要议题。国内领先的大型车企——浙江吉利控股集团(以下简称吉利集团),其旗下拥有吉利、沃尔沃等20多个知名品牌,以创新为本,持续高研发投入。吉利集团的财务体系通过组织架构变革、财务数字化转型、财务业务伙伴支持、融资创新、绩效考核等多个方面,对创新进行全面赋能——通过实施多品牌独立运作和后台整合的组织架构变革,有效激发各品牌的创新活力;持续探索财务体系发展演变,积极应对数字化创新挑战;财务业务伙伴深入研发一线,为创新项目保驾护航;活用特殊目的收购公司(special purpose acquistion company,SPAC)、全球存托凭证(global pepositary receipt,GDR)等多元融资方式,满足巨量资金需求;差异化绩效考核贴合创新活动特征,科学评价创新绩效;等等。吉利集团财务赋能创新的领先实践对其他公司具有重要参考价值。

---

① 本章作者为朱茶芬、陈俊、戴永、余佩瑶、周启璇。

　　吉利集团成立于 1986 年,当时的它还只是一家制冷设备和摩托车零部件制造商。1997 年,吉利集团开始涉足汽车制造领域,从此开启了它的传奇之路。2010 年以前,吉利集团专注于定位大众市场的传统燃油车整车制造;自 2010 年以来,吉利集团开始通过一系列的并购、独资或合资设立品牌,旗下拥有吉利、沃尔沃、领克、路特斯、几何、极星、宝腾等 20 多个知名汽车品牌。丰富的品牌布局和产品矩阵,覆盖了从中低端到高端的不同细分市场。2022 年,吉利集团已成为中国汽车制造领域的佼佼者,涉及乘用车和商用车的整车制造、教育、出行、汽车运动与文化、金融和科技板块等各行各业(如图 5-1 所示)。同年,吉利集团共计发射 9 颗卫星,成为首个发射卫星的中国车企。

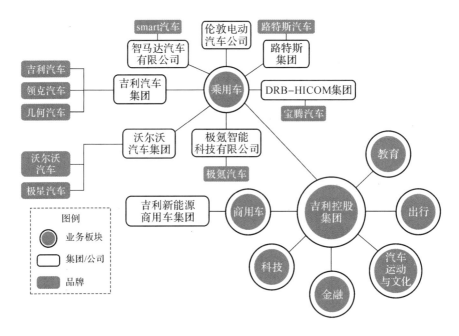

图 5-1　吉利集团业务版图

　　由于汽车行业一直处在发展变革的前沿,再加上多样又多变的消费群体需求、层出不穷的新兴商业模式、造车势力的全球化竞争、智能驾驶等颠覆性技术的更迭等要素的持续叠加,庞大的研发投入成为车企在激烈竞争中制胜的关键。同时，典型的资本密集特征使得车企对资本的需求尤为强烈。在全球竞争白热化的汽车行业中，因特斯拉屡屡降价而掀起的价格战和降价潮，不断挤压着各大车企的利润空间；自动驾驶等智能技术应用引发的技术战，则迫使汽车公司纷纷加大创新力度，以避免在这场智能化竞赛中出局。

面对严峻挑战，吉利集团不断探索和尝试新兴融资方式，以拓宽融资渠道，增加融资来源。它持续保持高研发投入，2012—2022 年，吉利集团研发投入高达 2000 亿元，且近年来一直处于上升趋势，在 2019—2023 年，其研发投入达到 1100 亿元。此外，吉利集团全球研发人员也达到 3 万人以上。"咬定青山不放松"，吉利集团董事长李书福借用诗人郑燮的诗句，坚定地表达了持续加大研发投入与创新能力建设力度的决心。

截至 2022 年，吉利集团资产总值超 5100 亿元，员工总数超过 12 万人，连续 11 年进入《财富》世界 500 强，是全球汽车品牌组合价值排名前十中唯一的中国车企。由此可见，吉利集团早已是中国自有汽车品牌的代表。

2023 年 3 月 21 日，吉利汽车（00175.HK）正式发布 2022 年财报。其中，主要指标显示，在充满不确定性、行业"内卷"严重的 2022 年里，吉利汽车的基本面依然稳健——全年营业收入达到 1480 亿元，同比增长 45.6%，创历史新高；归母净利润达到 52.6 亿元，同比增长 8.5%。吉利集团亮丽年报的背后是持续推进科技赋能而带来的智能化转型成效凸显、极氪等高端新能源品牌强势崛起、多品牌协同效应稳步提升。2023 年，成立不到 2 年的极氪，作为吉利新能源布局的先行部队，已取得亮眼表现，并于 11 月递交美国 IPO 申请书。如果 IPO 成功，将创造造车新势力最快上市的奇迹。旗下的路特斯品牌，定位豪华轿跑市场，也申请 SPAC 上市。

在极氪、路特斯冲击美股前，吉利集团就已拥有 7 家上市公司，同时旗下远程汽车、曹操出行也都在 IPO 的路上。在董事长李书福的带领下,吉利集团进行了孵化、收购、分拆、上市一系列布局,每个子品牌公司都在市场化竞争中历练成长。也正是这些个体编织成吉利集团的万亿帝国,形成吉利集团独具特色的生态布局与技术壁垒。从多个维度看,吉利集团都堪称中国车企中最富竞争力的玩家,也是智能新能源时代以创新和生态著称的代表。

在群雄逐鹿、异常"内卷"的新能源汽车行业,唯有高效创新、持续创新才能立足。吉利集团每年以营业收入 5%—6% 的研发投入高居车企前列,以技术和产品创新为引擎,为新能源、智能化转型提供强大的动力。然而,如何满足上千亿元的庞大资金需求? 研发资源如何合理配置? 研发项目决策如何提升 ROI①? 这些挑战的背后都离不开财务部门的深度赋能。

探寻吉利集团这个传奇企业的创新管理密码,就要深入了解吉利集团的财务体系是如何有效赋能创新,为研发创新保驾护航的。

一、独立品牌:前台分拆,后台整合

从市场发展的趋势来看,越来越个性化的需求将如今的汽车市场分隔成更多的细分市场。为覆盖从中低端到高端的不同细分市场,吉利集团的多品牌战略应运而生(如图 5-2 所示)。通过并购、合资、控股等方式,吉利集团旗下拥有吉利、沃尔沃、领克、几何等 20 多个子品牌。产品线覆盖从中低端到高端的不同价格区间的车型,以及从燃油车到新能源汽车的不同车型,销售版图从中国市场延伸至海外市场。

---

① ROI,即投资回报率。

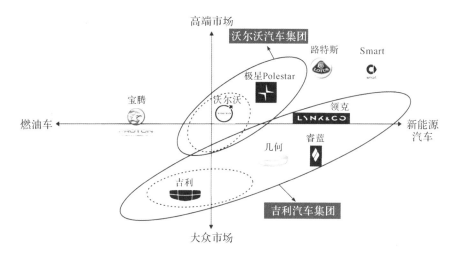

图 5-2　吉利集团乘用车多品牌战略

安聪慧[①]曾说："吉利集团坚定智能化新能源转型，紧跟市场变化，从用户需求场景出发，不断完善新能源品牌的矩阵，旗下品牌保持品牌独立性，同时又进行差异化竞争，来满足不同细分市场的需求。成立不到 2 年的极氪，主攻豪华电动车市场；领克主攻中高端电动车和新能源市场；吉利则主要覆盖大众化电动车和新能源市场。"

2020 年，吉利集团开始意识到，集团业务庞大复杂，总部原先垂直统一管理的组织架构已经无法满足集团的发展需求，同时集团层层审批带来的决策缓慢和效率低下问题已经十分突出。为此，吉利集团在 2020 年启动了一次大的组织架构调整：

第一，分拆业务板块。形成六大业务板块，包括吉利汽车集团、沃尔沃汽车集团、吉利新能源商用车集团、吉利科技集团、铭泰集团和吉利人才发展集团等；在六大业务板块层面设立股东会、董事会、管理层三层治理结构，实行董事会领导下的 CEO 负责制，形成扁平化的组织与治理架构。CEO 负责业务板块的独立运作，对板块的运营绩效进

---

① 安聪慧，浙江极氪智能科技有限公司 CEO。

行考核,且有权对板块的资源进行合理配置。

第二,在子品牌层面,推行子品牌独立运作战略,俗称"内部赛马制"。通过引入优胜劣汰的市场化机制和下放更多经营权,比如子品牌拥有独立的研发团队和销售团队、渠道、人事权等,激发子品牌的经营活力,提升其在外部市场中的竞争力。实施此战略后,有些子品牌快速成长起来,更容易得到集团的资源支持,但也有一些子品牌由于缺乏竞争力,业务萎缩后被淘汰掉。

经过调整,吉利集团的组织架构趋于扁平,有助于"放大每个人的声音",集思广益,提高集团整体创新积极性。特别是 CEO 负责制出来后,集团的决策效率、品牌创新都有很大进步。同时,在各个子集团独立核算的情况下,为竞争集团内部资源,各品牌管理团队更积极地进行营销和研发管理,集团内部实现了良性竞争。此外,针对各细分市场需求,吉利集团都有相应的品牌精准匹配和有效服务,具有市场覆盖全面及分散市场风险的优势。更为重要的是,多品牌战略能促进吉利集团加快并购整合协同,比如,吉利集团"蛇吞象"收购沃尔沃。作为瑞典老牌车企,沃尔沃在战略、管理、信息系统等方面与国内企业均有着天壤之别。收购后,吉利和沃尔沃独立运作,工厂、研发中心、经销网络和工会协议保持不变,并探索实现双方深度协同、联合经营的方式,最大限度缩短了整合阵痛期。

但是,不可忽视的是,这次组织架构调整并非完美。由于独立运作,各个子集团之间缺乏交流,导致产品定位重复,出现内部市场竞争;融资、研发、选址、营销等领域出现内部资源争夺和重复投资研发等行为,导致资源浪费严重,决策效率降低;各独立集团与板块之间存在商业模式、品牌战略、政策等差异,且并购取得的数据平台存在操作系统、页面和语言的差异,导致集团财务共享中心未能全面覆盖,部门协同效率低,数据分析能力薄弱,数据治理效率低;在知识经济竞争时代,数据是企业核心竞争力的重要组成部分,是企业制胜的关键,为保持自身竞争优势，各子集团之间不愿分享核心数据资源，导致多品牌战略无法发挥最大协同作用。

正如相关负责人所说："分拆后，子品牌的经营主动性和活力增强了，但也产生了新问题。很多子品牌开始'内卷'，比如内部竞争资源。两个汽车品牌同时看上了优质的广告渠道，会同时去竞价。因为它们认为这是市场化的，而不是内耗竞争。另外，子品牌完全独立运作后，协同较差。集团资源毕竟有限，资源分散会导致在重大创新投入上无法集中力量办大事。"

2022年，吉利集团发布新版《吉利控股集团企业文化纲要》，集团董事长李书福对吉利集团的核心价值观重新做了总结——求真务实、拼搏进取、协作创新。在新能源转型的后半程，吉利集团给出了两个词：协作、创新。李书福强调："单打独斗没有未来，所以要协作创新。这就意味着我们要发挥 1＋1＞2 的效果，将不同业务、不同领域的同事们拧成一股绳，通过变革创新把我们的企业资产做得更轻，让企业的创新方向更加坚定，创新基础更加坚实，创新能力更加强大。"

因此，吉利集团遵循"前台分拆，后台整合"原则，再次做出重大的战略和组织调整——后台设置协同委员会，将战略从扩张转为聚焦。

所谓的前台分拆，是指各子品牌的研发、销售、渠道是分开的，因为各子品牌的品牌定位不同，所面临的细分市场、产品定位、营销渠道等都具有差异。所谓的后台整合，是指吉利集团在总部层面，设立变革创新委员会、产品技术协同委员会、品牌建设委员会、供应链协同委员会（如表 5-1 所示）。这四个协同委员会的成员由各业务板块的CEO 及相关分管领导组成，成员们需要定期举行会议，对资源、战略、重大研发方向等内容进行交流、协同和整合。

表 5-1　吉利集团协同委员会设置

名称	作用
变革创新委员会	决定组织架构变革与业务协同
产品技术协同委员会	决定软件与产品的研发方向与协同分工
品牌建设委员会	定义或区分内部品牌,保证差异化
供应链协同委员会	整合供应商资源,实现集中采购的规模效应

以产品技术协同委员会为例,该委员会由极氪智能科技 CEO 安聪慧担任主任,意在:推动重大技术的集成开发及其在各品牌的共享使用,比如融合最新技术的 SEA 底盘架构由集团统一开发,并在更多的子品牌新车型上得到应用;推动前沿技术的方向把控和资源投入决策,比如决定车机协同和固态电池技术等新技术是否放到集团统一研发。吉利集团 CEO 李东辉表示:"各品牌通过技术协同、智造产能、供应链协同,提升了供应链端的成本控制和议价能力,展现出规模效应。"

吉利集团通过多次的组织架构变革,不断优化总部和子品牌之间的管控关系、经营权配置。这对激发各子品牌的创新活力和加强创新协同,具有重要意义。

经过组织变革,吉利集团管控模式发生了较大变化(如图 5-3 所示)。其原有的多品牌独立运作战略属于财务型管控,基本不对下属子公司的具体经营管理进行干预,也不限定战略发展方向,仅关注业绩,各子集团定位为业务单元或利润中心,关联较弱,经营自主性比较强。自实施"前台分拆,后台整合"策略及成立协同委员会以后,吉利集团的管控模式变为战略型管控,仍保留子公司经营自主权,但集团总部负责把握战略方向和统筹调配内部资源。

在前台分拆上,多品牌独立运作解决了吉利集团产品矩阵不丰富、品牌形象刻板、抗风险能力不足的问题。扁平化架构也提高了运

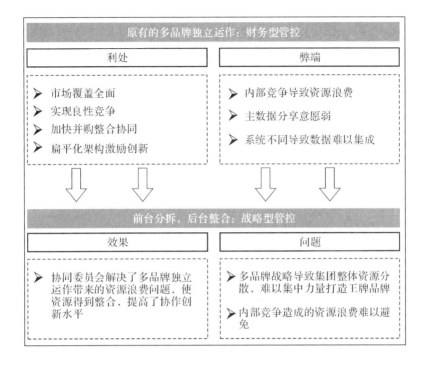

图 5-3　吉利集团多品牌战略改革

行效率，内部竞争提升了员工的干劲和工作热情。在后台整合上，协同委员会解决了多品牌独立运作带来的资源浪费问题，使资源得到整合，提高了协作创新水平。

但不足之处也很明显，多品牌战略导致集团整体资源分散，难以集中资源力量，打造出有竞争力、资源丰富的品牌。前台独立性较强，导致后台整合也无法完全避免内部竞争，从而造成资源浪费。并且，该战略对集团的后台整合能力提出很高的要求，主数据未打通，没有统一的数据中台，数据就难以集成，将会导致后台整合艰难且低效，难以实现应有的协同效应。

拓展阅读

集团管控模式

集团管控模式是指根据不同的管控理念、内外部环境因素,对下属企业形成的管控策略及方式。根据集团管控三分法理论,集团管控模式可分为财务管控型、战略管控型和经营管控型三种基本模式(如表5-2所示)。

表5-2　集团管控模式

管控模式	集分权程度	战略管理	业务特点	业务管理	人事管理	绩效管理	资源及共享服务
财务管控型	分权	以收购、投资、撤资决策为主,重视资本市场反应	业务关联性较弱	基本不介入管理,注重财务绩效目标的达成	高层管理人员	突出关键财务指标	无
战略管控型	集分权相结合	制定集团战略并指导子企业制定相应战略,分配资源	两个或以上的关联业务	管理战略方针和战略实施计划以及中长期财务指标的实现	制定实施重要人事政策,管理企业高层管理人员	监控经营计划的关键举措实施及最终结果,监控关键的财务指标	注重协同效应或经济效益
经营管控型	集权	制定具体战略和措施	单一或基本单一业务	具体经营决策和活动	负责具体的人员招聘、培训、考核和任免事项	全面评价所有财务指标和经营成效	集团提供几乎所有服务

1.财务管控型

总部通过财务手段管理控制下属单位,不干预具体经营管理事项也不限定战略方向,以分权为基础,注重结果控制,各单位联系较少,业务关联性较弱。

2.战略管控型

总部作为战略决策和投资决策中心,通过战略控制、协调和服务建立集团总部与下级的关系。保持下级的法人地位和经营自主权,由总部引导战略发展方向,强调过程控制,集分权相结合,各单位较财务管控型联系更紧密。

3.经营管控型

总部集中管理和控制企业资源,直接管理控制下级的日常经营活动,下级仅执行命令,各单位关联性较强,多见于大规模产品生产或垄断性业务的企业集团。

二、研发体系:集中与自主研发的高效集合

汽车包含2万多个零部件,其整车设计制造可谓是非常复杂。通常来说,可以采用模块化方式进行设计和制造,包括上车身(外观、车型、内饰设计、智能座椅等)和下车身(底盘架构)两部分;简单来说,造车就像搭乐高积木一样,通过对不同模块部件进行组装,完成整车制造,而部件的差异化组合可以带来不同车型的个性化。其中,下车身(底盘架构)的技术先进性至关重要,其研发投入需要上百亿元。为提高底盘架构的规模经济性,吉利集团在总部层面集中研发,使之可以在多品牌车型之间共享使用;各品牌则侧重自主研发上车身,根据各自的品牌定位,实现差异化车型设计。

为充分利用全球智慧,吉利集团建立遍布全球的研发网络,以五大研发中心和三大造型设计中心为核心,致力于集团整体的通用底盘架构研发,同时辅之以各品牌的自主研发,确保高性能与个性化齐驱并进。此全球研发网络布局不仅使吉利旗下各品牌受益,也使吉利集团在研发层面始终保持领先。

在自主研发层面,以极氪为例,它以吉利集团研发的最先进的SEA平台架构为核心,获得了长续航、高动力、快速充电等技术优势,同时有效降低了成本。在SEA平台架构的基础上,针对豪华智能电动车的品牌定位,极氪成立了独立的智能研发中心,旨在完善智能软件、硬件的自研布局。可以说,吉利集团研发网络赋能与品牌自研的协作,使得极氪跟上智能化的时代浪潮,实现了快速发展。

除集团层面的架构平台研究、各品牌的个性化自主研发外,吉利集团还有一个高规格的重要研究机构——吉利研究院。该研究院致力于战略性、前瞻性技术探索,推动面向未来的基础前沿研究,承载着吉利集团重大产品开发和技术突破任务,为集团提供全方位的技术支持。

三、财务体系:支撑创新的中坚力量

(一)应运而生:财务三支柱架构

2017年,随着吉利集团规模不断扩大,原有的分散式财务管理模式难以支撑庞大的业务体量和实现集团的高效管控。因此,吉利集团的财务体系按照战略财务、管理财务和共享财务的三支柱架构,进行了一次大的组织调整,以提升财务运作效率。

一是战略财务,负责财务战略及顶层设计,覆盖战略设计、会计报告、财税管理和投融资决策等多个方面,尤其是吉利集团频繁的业务并购、外部参股、战略投资者合作、分拆上市等重大投融资背后,都需要战略财务的积极谋划。

二是管理财务,作为业务合作伙伴,深入业务部门并提供专业支持,深度参与产品的全业务流程,目的是让预算更精确,即清楚每个环节该花多少钱,以提升资金使用效率。吉利汽车集团首席财务官戴永曾说:"只要有业务的地方,都有财务人员的身影。""财务应该像血液一样渗透到公司的每个部门。"吉利集团的财务体系打破了部门限制,为集团整个业务体系更高效使用资金,以及达成战略目标打下了坚实的财务基础。

三是共享财务,又称共享中心,负责建立财务标准化体系,提升财务内部工作效率,并梳理和沉淀大量的业务、财务数据(以下简称业财数据)。

(二)踏浪前行:财务的数字化转型

吉利集团对财务数字化转型的探索可谓孜孜不倦。自公司成立到现在,共经历了"从记账走向管理""从财务走向业务""从数据走向价值""从规范走向智能"四个演进阶段。20世纪90年代,吉利集团的财务主要依赖传统的电算化软件,随着ERP①系统的采用,逐渐从记账走向管理。

2005年赴港上市后,吉利集团推动"业财融合"的决心越发强烈——吉利集团的财务不仅要懂财务,还要懂经营、懂业务。因此,吉利集团开始将财务体系逐步与前端业务团队融合,让财务支持公司业务决策,提升财务价值创造能力,实现传统财务向业务财务的跨越。

2017年,吉利集团的业务规模实现了年产百万辆的突破,庞大的业务量为其带来了前所未有的数据规模。当时正逢财务数字化浪潮兴起,在内外双重推动下,吉利集团走上了财务共享之路,进行了财务三支柱分工,旨在进一步提升财务数字化能力,实现从数据到价值的跨越。

2020年起,炙手可热的区块链、云计算、大数据和人工智能等技术手段席卷财务领域,吉利集团也开始探索新的智能化转型,利用模型算法来实现智能预测、智能决策和经营分析等,实现从被动的规范财务向主动的智能财务的跨越。例如,为了支撑财务业务伙伴对研发项目进行全流程管控,吉利集团自建了工程开发费模型系统、研发项

---

① ERP,即企业资源计划,相关活动包括会计、采购、项目管理、风险管理和合规性、供应链运营等。

目盈利分析模型系统,旨在整合各类业财数据,实现智能分析和辅助决策,显著提升财务业务伙伴赋能创新的效率。为了支撑战略财务的工作,吉利集团自主研发的商业智能系统,汇集经营管理大数据,为不同业务场景提供电子信息看板,通过多维数据个性化分析来有效支持战略财务的决策。

在财务数字化转型挑战方面,吉利集团乘用车板块涵盖了 20 多个汽车品牌,外部并购和内部孵化品牌的巨大差异、老牌明星与新锐小将数字化需求的截然不同向集团的财务数字化整合建设提出了很大的挑战。例如,极氪的数字化建设走在前列,拥有上千人的数字化团队,其数字化建设成效显著,而成立较早的一些子品牌相对落后。海外并购的汽车品牌与国内公司之间在软件操作系统、界面语言、监管要求上都存在巨大差异,这给数字化整合建设也带来了巨大挑战。此外,财务共享中心目前仅覆盖了吉利汽车集团、吉利新能源商用车汽车集团,未涉及海外上市的沃尔沃集团、业务模式截然不同的吉利科技集团和金融板块等。

因此,处于财务转型第四阶段的吉利集团,其财务数字化转型仍任重道远。

(三)开源节流:多样化融资供给充足资金

汽车行业作为资金密集型和技术密集型行业,其研发投入高,对巨量资金的高需求迫使企业重视融资工作。只有源源不断地供给资金,吉利集团的研发创新才可持续。为此,吉利集团通过分拆上市、活用 SPAC 和 GDR 等新兴融资方式、优化选择战略投资者等措施,丰富融资渠道。

1.抓大放小:统一举债,自由发股

在实行子品牌独立运作战略后,吉利集团在融资管控上也进行了一定的改革,形成债务融资由集团统一管控、股权融资独立运作的融资管控模式，即在降低整体债务风险的同时，也给予各业务板块独立股权融资的决策权。银行授信制度以实际控制人为依据，各业务板块共享同一融资授信额度，从而导致增信流程复杂冗长。因此，吉利集团选择由下向上提出资金需求，由集团总部根据全年整体融资计划，实行统一的债务融资和授信管理，以免出现各业务板块信息不畅，剩余额度不清晰，过度使用授信，最终导致资金链断裂的情况。

由于各业务板块的细分业务和目标客户不同，会吸引不同偏好的投资方。为实现精准融资，也为促进各业务板块借助资本市场实现快速发展，吉利集团给予各业务板块相对独立的股权融资决策权，而集团总部的主要任务是沟通协调，防止出现融资的内部竞争。

2. 兵贵神速：活用新兴方法快速筹资

近年来，分拆上市已经逐渐成为吉利集团快速孵化上市企业、提升子品牌影响力、满足创新资金需求的重要途径。仅 2022 年 1 年，吉利集团旗下便有 2 家企业与 SPAC 完成合并，并在美国纳斯达克上市交易；2023 年，极氪汽车申请在美国 IPO；2023 年末，路特斯启动 SPAC 融资。

吉利集团 CEO 李东辉表示："分拆上市等相关资本战略有助于提升各子品牌影响力。吉利集团旗下三个品牌，吉利、领克、极氪，都有各自的定位，同时沃尔沃、极星、路特斯等也有各自的品牌定位，在品牌历史沿革、目标客群、价格带上都有清晰区隔。通过资本市场影响力的提升，可以引入产业和财务投资人，赢得更多利益相关方来支持和关注品牌发展，这对提升各品牌影响力有帮助。"

2022 年 6 月，吉利集团旗下的电动汽车品牌极星与 Gores Guggenheim 完成合并，并在美国纳斯达克上市交易。2022 年 12 月 21 日，吉利集团旗下亿咖通科技与 Cova 完成合并上市，成为首家登陆美国股市的中国汽车智能化初创企业。

此外,2017 年 6 月,吉利集团在伦敦证券交易所发行了总价值 10 亿美元的 GDR(每股 GDR 代表 50 股吉利集团的普通股),得到了众多国际投资者的认可,使吉利集团在海外资本市场上获得了更多的资金支持。

3.志同道合:青睐战略投资者

吉利集团认为,相比纯粹的财务投资者,志同道合的战略投资者在为企业发展提供现金流的同时,还能共同创业,实现双赢,加速产业技术上的合作、进步和创新。比如,吉利集团旗下的极氪汽车在 Pre-A 轮融资时,最终确定的战略投资者均是精心优选过的志同道合者。

极氪 Pre-A 轮融资选择了英特尔资本、宁德时代、哔哩哔哩、鸿商集团和博裕投资,获得共计 5 亿美元投资。其中,英特尔资本可以为极氪车机系统提供智能驾驶芯片,宁德时代可以提供汽车电池方面的技术,车机的内容服务部分则由哔哩哔哩提供。在各大战略投资者的助力下,成立不到 2 年的极氪已经成为最亮眼的造车新势力之一。

(四)多元考核:鼓舞研发士气

吉利集团董事长李书福曾说:"吉利集团最让人可喜的,不光是核心技术、体系能力和业务发展的格局,更是作为一家 20 多年的年轻企业,从没有出现人才断层。我们的原生高级人才,已经成功走到台前,并且吉利集团的每一级人才都扎实、可用、可替,不会青黄不接。"人才队伍的建设离不开科学合理的激励机制。但无法忽视的是,和其他行业相比,汽车行业的激励考核面临较大挑战。就创新研发项目而言,不同于一般的经营项目,创新研发项目往往具有结果不确定性大、创新成果产出难以量化、开发周期和回报周期长、创新人才稀缺且容易流失等典型特征。这使得对研发创新的绩效评价变得更为困难。

就行业本身而言,汽车行业高度竞争,自动驾驶、车机协同、车联网、固态电池等前沿技术层出不穷,技术创新难度大,对高端技术人才的争夺异常激烈，挖人现象频现。具体分析来看，一是研发结果的不确定性导致评价指标难以确定。一方面，企业希望研发人员进行创新性开发，为企业创造经济价值，基于此，企业应当采用经济结果导向的激励机制。另一方面，由于汽车行业和创新研发项目的特征，创新研发项目的成功与否往往并不由研发人员决定，并不能因其没有带来盈利而否定研发人员的全部工作。

二是项目研发周期长，经济效益具有滞后性，导致短期考核指标不够客观公正。对于研发周期较长的项目，其创新价值和长期经济效益无法得到有效量化，传统偏短期性的考核和激励手段难以发挥作用。

三是创新研发项目的战略价值难以量化衡量。对于创新性前沿技术、战略意义研发、处于探索性早期，阶段的创新研发项目来说，其为企业带来的战略意义很难量化，甚至有可能由于无法有效估量技术的创新价值，使得研发团队难以达到考核绩效，对创新造成反向的抑制作用。

吉利集团有 3 万多名研发人员，是如何应对这些挑战，进行激励考核的呢？为鼓舞研发士气，提高创新热情，吉利集团实施多元考核，研发人员以参与创新研发项目的方式开展工作，其个人业绩很大部分取决于所参与项目的团队绩效。其创新研发项目分类如表 5-3 所示。

表 5-3　吉利集团创新研发项目分类

创新研发项目类别	举例
战略前瞻性项目	研究院的研发项目
架构平台项目	研究中心对底盘架构平台的研究
商业化产品项目	新车型的研发
汽车软件迭代项目	汽车软件的更新迭代

吉利集团对研发创新的激励考核有自身特色。首先是对创新研发项目进行分类，实行差异化考核。对于一般的商业化应用类研发项

目,比如新车型研发项目,其绩效评价主要是结果(KPI)导向的,项目团队的考核指标是新车型上市与否、新车型卖得好不好(销售收入和毛利)等,团队奖金也与这些指标挂钩。同时,对于创新属性强、战略价值大、处于早期探索阶段的战略前瞻性研发项目,比如研究院的研发项目,吉利集团使用 OKR(objective key result)业绩考核工具,将技术突破作为 O,将技术突破的里程碑、阶段性节点作为 KR(如专利数量、前瞻性技术转化率等)。团队聚焦于技术突破等战略目标,员工个人也可以更自主地设立个人目标和关键结果,团队内部经常就 OKR 完成情况进行复盘沟通,促进内部协作和动态优化。对于架构平台类的研发项目,OKR 主要关注该架构平台在更多新车型中的应用程度。

其次是采取多元长期激励措施。为激励研发团队关注新车型在全生命周期内的投入产出效益,吉利集团采用奖金递延发放的方式,即部分项目奖金在新车型的上市节点发放,剩余部分则放到新车型后续每个销售年份进行发放。奖金递延制在一定程度上也增加了研发人员的跳槽成本。此外,吉利集团还采用股票期权等多种长期激励方案,提升长期激励对研发员工的覆盖率,将研发员工与公司利益进行长期捆绑。2021 年,吉利集团曾拿出 3.5 亿股股权奖励万名员工,成为我国车企中"最大方"的股权激励举措。

最后是品牌业绩指标差异化。从各子品牌角度来看,不同汽车品牌的经营自主权较大,可以根据自身的品牌定位和发展阶段,设定差异化的研发关键业绩指标。比如:吉利品牌定位为大众化家用车,处于成熟阶段,那么它考核的研发业绩指标主要是新车型的销售收入和毛利;路特斯品牌的定位为豪华高端,处于前期的创业开拓市场阶段,那么它对研发的主要业绩要求是关键技术突破、研发节点把控。

(五)心有灵犀:财务业务伙伴精准赋能

1.连接业财,助力研发

2022年,吉利集团在新能源产品等新兴赛道投入巨量研发资金,其研发投入共计67.65亿元,较2021年增长22.60%。如何科学地管理和分配研发预算一直是吉利集团所关注的重要问题。吉利集团财务业务伙伴深入研发一线,业财高度融合,项目财务人员全过程介入项目管理;从研发项目管理和费用科目管理两个角度设置专门岗位,支持赋能创新项目;为让财务业务伙伴从烦琐的数据收集、建模和计算中解放出来,使之更多面向管理端,运用数字化手段,自建多个系统提升智能分析和决策能力;对研发费用进行立体化多维分析和精细化管理(如图5-4所示)。

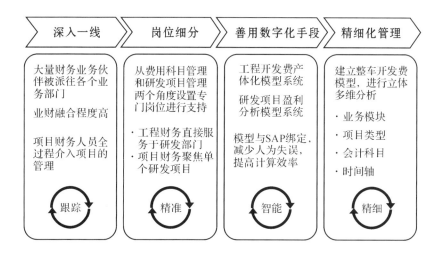

图5-4　吉利集团财务业务伙伴亮点

极氪汽车CEO安聪慧曾说过:"让先听到炮火声音的人来指挥战斗、调动资源。"因此,大量财务业务伙伴被派往各个业务部门,如产品中心和研发中心等,作为连接财务部门和业务部门的重要纽带。吉利集团认为,这些财务业务伙伴的保守严谨有助于阻止追求极致的研发人员过度创新。

在研发上，吉利集团采用严谨的新产品开发体系（new product development system，NPDS）。该体系常被用于大型、复杂工程项目的开发，集产品概念论证、市场调研、工程开发、量产工艺研制、产品上市等环节于一体（如图 5-5 所示）。每个阶段都目标明确、标准清晰，有助于严格把控产品研发过程，同时，科学的流程化管理可确保研发活动高效开展。

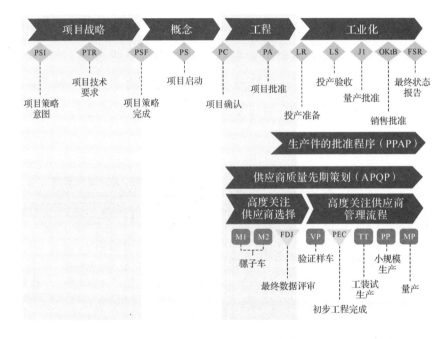

图 5-5　吉利集团新产品开发体系

为更好地赋能研发一线，财务业务伙伴以参与研发项目的方式，常驻研发部门，与所在项目的研发团队密切协作。例如，在新车研发项目从概念论证到产品上市的全流程各环节中，财务业务伙伴都相伴左右，为研发团队提供决策支持。基于数据优势和专业分析能力，财务业务伙伴为研发团队提供多维度的财务分析和决策支持，比如新车项目商业模式分析、盈利预测、预算优化、目标成本管理等，使研发项目的技术性和商业性得到最佳平衡，研发资源配置更加高效。

2.工程财务,精细化管控

根据分工不同,财务业务伙伴可细分为两类,即工程财务和项目财务。

工程财务直接服务于研发部门,按会计科目整体管控研发费用,包括八大直接费用(人工费用、市场研究、造型开发、试验、试制、样车、样件、其他零部件开发)、间接费用及分摊费用。根据上述不同的费用科目,工程财务对各研发项目的费用结构进行管控和优化,同时根据项目的概算、预算、核算和决算四个时间轴节点,进行费用的全过程跟踪分析。

由于研发部门开展的项目众多,项目之间类型差异大,有的是战略性前瞻项目,有的是新车型研发项目,各项目进度不一,费用管理的工作难度大、工作量繁重,仅仅依靠传统方式很难实现对各个项目的精细化、动态化费用管控,难以及时发现某些项目的费用结构异常、某项费用预算进度超标等问题。

为支持工程财务对众多项目的费用进行精细化、动态化管控,吉利集团于 2021 年搭建工程开发费立体化模型系统(如图 5-6 所示)。该系统包括项目类型、会计科目、业务模块、时间轴四个维度,全面整

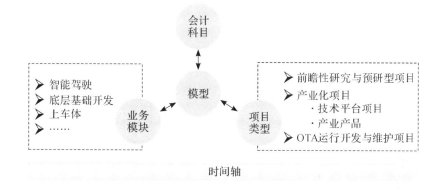

图 5-6　吉利集团工程开发费立体化模型系统

合业务视角和财务视角的数据。其中,项目类型根据项目生命周期分为三类,包括:前瞻性研究与预研型项目,具有项目花费少、不形成实际性产出的特点;产业化项目,既包括智能驾驶座舱等软件平台的开发,也包括终端产品车型的开发;OTA 运行开发与维护项目,在产品上市后对软件进行更新迭代或维护。业务模块多种多样,例如智能驾驶、底层基础开发、上车体等。根据业务模块与项目类型的不同,系统将对研发费用使用不同的分配标准。通过构建立体化多维模型,可以立体化管理研发费用的结构和投放进度,为研发费用的高效化、精细化、动态化管控提供强大的数字化工具支持。基于丰富的费用数据积累,该系统还能够为新项目的立项设立可靠的费用基准,助其快速确立合理的多维费用预算,并在项目执行过程中对其费用投放进行动态监控。

3. 项目财务,保驾护航

项目财务则聚焦单个创新研发项目(比如新车型研发项目)的全过程支持,贯穿创新研发项目的整个流程,包括立项、过程跟踪、结项的全生命周期。在立项阶段,项目财务从研、产、供、销的整体视角来分析项目的商业模式和盈利模型,评价其经济可行性:首先,根据销售端的市场调研、产品市场定位、竞品情况、销售政策等数据,预测售价和销量情况。其次,根据基础车型、配置等数据,进行材料成本目标的设定,以及对研发、物流等各个环节的费用预计,从而综合测算出项目的利润。最后,通过判断该项目的经济效益是否达到要求,决定是否立项。吉利集团积累了大量的项目成本基准数据、细分市场业务洞察的数据,这些内外部高价值数据的不断沉淀和 know-how(即技术诀窍或关键能力)的知识积累,使得项目财务能够较为准确地进行项目的盈利预测。在项目开展过程中,项目财务继续保驾护航,随时更新项目的研发进度、费用投入状态、客户市场动态等信息,不断反馈给研发团队和管理层,以监控项目是否健康发展,确保项目顺利进行。

　　为高效支撑项目财务对研发项目的盈利分析工作,吉利集团于2023年自建创新研发项目盈利分析模型系统(如图5-7所示),代替了原来的Excel建模计算,旨在整合建模分析所需的各类内外部业财数据,实现自动化的数据导入和模型计算,从而实现智能分析和辅助决策,大幅提高项目财务赋能创新的效能。

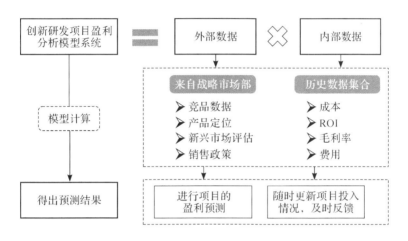

图5-7　吉利集团创新研发项目盈利分析模型系统

　　项目财务在项目立项过程中具有较大的权力,若项目盈利测算结果低于一定水平,那么项目财务有权否决该项目。如果研发团队不认可项目财务的盈利测算,那么该项目将作为争议项目,在研发的投资决策委员会上进行投票表决。有不少的项目正是由于无法通过财务测算,而被否决。这更加要求财务业务伙伴熟悉研发业务、技术趋势和客户需求等,用专业实力和业务洞察能力,说服研发团队和投资决策委员会。

　　根据陈俊和董望(2021)提出的智能财务人才能力框架,一位优秀的财务业务伙伴必须具备以下六类能力素质。

　　一是创新迭代能力,指项目财务在创新研发项目立项过程中具有较大的权力,有权否决该项目,这促使项目财务持续学习并运用批判性思维在传统、常规性的业务中发现问题、痛点与机遇,从而精准识别项目的价值与风险。

二是财务专业能力，指工程财务按科目管理整体研发预算与费用，需要拥有专家型财会人才的专业知识储备，熟悉最新的会计规范、法律规范、会计政策等，才能识别需求、解析场景，对研发费用进行深度拆分，剖析重点。

三是数智技术能力，指较高的数字、信息技术素养及对智能化工具和系统的深入认知。无论是较为复杂的决策支持还是管理控制工作，都离不开对数智技术的了解和认识，吉利集团在自建数字化系统辅助财务业务伙伴工作的同时，也对他们的信息技术素养提出了相应要求。

四是业务协同能力，指对业务流程的深入理解，以及与业务人员协同配合进而支撑业务达成业绩目标的能力。吉利集团要求财务人员既要深入一线了解业务，也要从比业务更高的层面理解业务。

五是战略洞察能力，指对企业战略、商业模式与战略一致性、行业风险和市场机遇等的评估、洞察能力。财务业务伙伴需要根据企业内外部战略数据（例如市场需求、国家政策等），而非单纯财务数据，判断项目前景和风险，以及项目是否与公司战略相吻合，从而对资金进行更高效的配置。

六是沟通协作能力，指进行有效沟通、良性协作的能力。研发业务负责人深度了解研发进展及资源需求，但对集团整体逻辑可能了解不足；同时，总部战略财务拥有审批权，但对具体研发业务可能缺乏了解，而财务业务伙伴在二者中间起到了沟通联结作用。

这样的要求向吉利集团建设财务业务伙伴队伍提出了许多挑战。吉利集团认为，目前财务业务伙伴仍存在一定不足。从胜任能力角度而言，财务业务伙伴应是复合交叉型人才，既要懂财务，还要懂业务。在汽车行业的研发领域，研发业务的技术属性强，新技术应用多，新能源汽车市场需求多变，行业竞争格局复杂，做好对行业趋势、客户需求和项目收益的预测，变得非常困难，这就要求财务业务伙伴深入业务、理解研发项目。可是吉利集团的财务业务伙伴大多是财会相关专业出身，缺乏多元化的专业背景，在业务熟悉度、市场敏感度、创新思维等方面存在欠缺，易导致"技术鸿沟"问题产生，难以高效支持研发决策。

从创新角度而言，业务部门通常追求极致的科技创新，对产品的商业化前景、经济适用性等方面可能有欠考虑，这就很容易造成过度创新的问题。如果项目所追求的创新与消费者需求无关，产品就会没有市场，造成资源浪费。相比之下，财务部门对创新的态度相对保守，在业财融合的背景下，财务部门比业务部门更懂企业整体思路与逻辑，旨在对企业各项活动负责。因此，财务部门更关注研发创新的经济适用性，可能因此否决掉那些经济效益显现较慢的技术项目，导致阻碍创新和难以提升适应新兴市场趋势的能力。因此，如何培养一位合格的财务业务伙伴是吉利集团现下不断努力希冀解决的难题之一。

实际上，针对财务业务伙伴现状，吉利集团可从招聘（集团外部）和培养（集团内部）两方面入手，全面提升财务业务伙伴人才队伍的素质与能力。在招聘层面，优化招聘机制，促进财务业务伙伴背景多元化，可从集团外部吸收更多具有技术背景的财务人员。在培养方面，吉利集团应针对财务业务伙伴建立完善的培训机制，涉及预算编制、上车体和下车体研发基本知识等方面。在财务业务伙伴正式加入研发团队后，研发团队也应当积极与财务业务伙伴进行沟通，普及研发团队涉及的特殊专业知识，完善财务业务伙伴的技术知识架构。通过招聘与培养两手抓，并采取激励或考核措施调动财务业务伙伴学习专业知识的积极性，全面提升财务业务伙伴人才队伍的素质与能力。进一步地，吉利集团还可以调整财务体系的薪酬结构及其与研发成果的联系，促进财务业务伙伴自觉加深对研发业务及技术的理解。

拓展阅读

业财融合

业财融合是指企业的业务和财务相融合,在信息化大背景下,业财融合已成为企业管理会计体系建设的重点。总体而言,业财融合的实施使得企业财务人员的职能和在企业中发挥的作用发生了深刻变化,也为企业创造了更多价值。

强调对业务进行事前、事中和事后全面的监督和控制,有助于提高决策质量、风险管控水平。在业财融合下,财务管理延伸到了业务,提升了财务核算和预算的准确性,加大了对经营管理决策的支持力度,也能在很大程度上提高会计信息的准确性和及时性,提高企业风险管理水平。

业务和财务目标保持一致,可减少二者摩擦矛盾,提高经营效率和效果。通过业财融合,财务和业务的目标得以保持一致,确保了企业长期战略目标的顺利贯彻与实现。此外,财务与业务的配合可以使预算、目标等的编制更加合理,有限的资源也会向能为企业创造价值的项目倾斜。

业财数据的整合有助于降低成本,进行精细化管理。通过财务和业务数据的整合,企业可以有效降低数据整合管理的成本,实现规模效应。同时,企业也可以更加全面地了解内部运营状况和外部市场的整体趋势,从而进行更加精准的决策和管理。

价值性财务管理

1.含义及特点

价值性财务管理可以从价值管理引入。自贴现现金流模型出现后,价值最大化变成一种可操作的管理技术。而公司在财务管理中遵循此价值理念,探索价值创造的运行模式和管理技术,就是价值性财务管理。价值性财务管理有以下两个基本特征。

一是从价值视角看待整个企业的财务管理。企业的财务活动围绕增加企业价值展开,把财务职能从历史的控制职能转变为未来的增值职能,也对财务整合管理过程提出了具体要求,包括企业治理、战略、规划与预算控制、绩效管理等。

二是强调整体视角。此处的"整体"不仅指将价值评估和管理的方法引入财务管理的所有环节,也强调财务管理要从简单的投融资业务转向对战略、管理控制和企业经营管理的全方位介入与支持。

2. 必要性

智能技术发展推动财务体系的变迁。随着经济全球化的发展和智能技术的兴起,财务体系也在信息技术浪潮中变迁,大数据和人工智能等新技术的发展推动了财务体系改革和转型,会计工作将发生根本性的变革,旨在提高企业的核心竞争能力,创造更高的企业价值,助力企业实现价值最大化目标。

政策明确财务价值创造的转型方向。2022年,国资委下发《关于中央企业加快建设世界一流财务管理体系的指导意见》,要求各企业"完善智能前瞻的财务数智体系",也要求财务管理更加突出"支撑战略、支持决策、服务业务、创造价值、防控风险"的功能作用。

企业的创新、转型与可持续发展离不开财务的赋能。当前,许多企业面临着产业升级、智能技术、数字经济的转型挑战,风险及预算管理、资金流管理、信息系统建设等方面的全面财务管理模式在其中发挥着重要作用,而要实现全面财务管理模式,就必须向基于财务共享服务的智能财务方向变革。

由此可见,政策支持、财务技术进步、企业自身发展三种因素都强调着财务体系通过转型实现价值创造从而赋能企业科技创新的必然性。

四、财务赋能：道阻且长，行则将至

近几年来，汽车行业迅速变革，新能源汽车受到越来越多关注，燃油汽车销量断崖式下跌，吉利集团等传统车企面临的挑战加剧。"在智能电动汽车转型上，吉利仍没有领先。"吉利集团 2022 年财报中，集团董事长李书福的寄语有着强烈的忧患意识。不过，李书福也对吉利集团的转型表达了坚定信心。他表示，仅成立 2 年多的极氪已经走过了其他先进电动车企业多年甚至更长时间的发展道路。"这证明吉利集团 30 多年造车经验的积累，是可以战胜新能源时代挑战的。"

更加严峻的是，在如今的汽车行业，自动驾驶等新技术的应用掀起了新一轮变革——软件定义汽车。这意味着汽车中的软件可以不断迭代升级，使得汽车不断被赋予新的功能与价值。吉利汽车集团中央研究院副院长任向飞表示："在新能源智能化时代，上半场是新能源，下半场是智能化。在软件定义汽车的背景下，软件能力建设变得越来越重要。"目前，吉利集团正积极打造智能汽车软件园区，与 AI 自动驾驶的龙头百度达成战略联盟，但在华为、特斯拉等品牌的汽车软件已有重大突破的情况下，吉利集团要在激烈竞争中脱颖而出，这也是极大的挑战。

回到集团内部，吉利集团在财务数字化转型上也面临较大挑战。第一，吉利集团仍处于财务智能化发展的第四阶段，子公司中极氪的财务数字化水平虽然较高，但距离实现智能预测和智能决策的战略目标仍有较大差距，其数字化功能依然集中在财务监控方面，尚未实现从支持决策到智能决策的转变。

第二，没有建立统一的数据中台。吉利集团内部的数字化程度参差不齐，对数字化系统的设计需求也难以统一，此外，并购取得的海外企业和国内公司之间操作系统、界面与语言的差异较大，统一难度较大。

第三，子公司数字化意愿不强烈。各子公司商业模式、品牌战略、海外监管政策等情况不同，对数字化的需求不一，部分子公司并不愿意耗费资源进行数字化转型，也不愿意与其他子公司分享主数据。

第四，财务共享中心辐射范围有限。财务共享中心已覆盖吉利集团和吉利汽车集团，可进行财务数据的统一分析，但并未覆盖包括海外独立上市的沃尔沃汽车集团在内的其他乘用车板块。

李书福表示，"道阻且长，行则将至；行而不辍，未来可期"。在"智能吉利2025"战略中，5年内投入1500亿元研发费用、2025年EBIT（即息税前利润）达到8%以上的KPI均显示出吉利集团的雄心壮志。在新的挑战面前，吉利集团的财务体系能否继续成为企业创新的护航者，很大程度上将决定智能化转型战略的实现与否。为此，吉利集团要推动财务数字化转型，让财务更好地赋能集团创新。

首先，成立主数据处理部门。吉利集团应建立一个独立的大数据管理部门，站在集团角度，建立主数据的管理平台来统筹各自品牌的主数据，划分各级数据的权限，在有效维护主数据私密性的前提下，在集团层面更好地收集分析主数据，帮助集团更好地了解各品牌的发展，促进各品牌的协同（如图5-8所示）。

其次，建设数据中台。设立统一数据中台，将内外部业财数据通过加工整理形成各类数据产品，前端的财务和业务人员可根据自身的需求获取数据服务。数据中台的组成部分及功能如图5-9所示，其搭建步骤如下：一是确认数字需求。确定需要汇总和分析的数据、数据源和数据量，并进行分类和整理。二是制定统一的数据标准。包括数据格式、命名规则、数据定义和数据质量标准等，使不同系统通过映射表转换为同一口径的数据，实现多版本映射。三是选择数据仓库。对数据进行清洗和整合，形成数据仓库，并根据业务需求搭建数据分析模型。四是建立可视化模块，主要手段为标签化、指标化、对标化等，目的在于更直观地展示数据，让结构化、集成化的数据变为管理层决

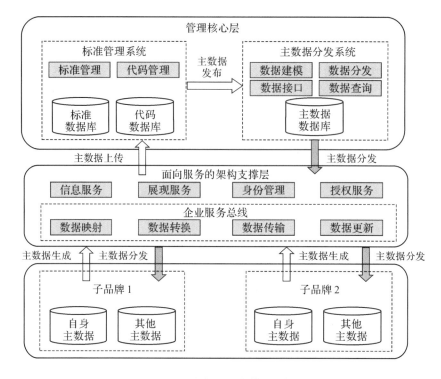

图 5-8　主数据集成管理逻辑

策的依据信息,例如监测出异常数据后进行风险警示。

最后,加强数字化转型团队的协同。比如,搭建跨子公司的数字化协同平台。建立在线沟通工具、项目管理软件和知识管理系统,促进不同子公司数字化团队的交流与协作。在平台上建立讨论区和资源共享区,分享经验、最佳实践和解决方案,减少重复工作,提高效率。制定跨子公司数字化工作流程和标准,确保统一的工作规范和项目管理方法。

又如,进行跨子公司数字化团队的交流与合作培训。组织定期的跨子公司数字化团队交流会议和研讨会,提供数字化领域的专业培训课程和知识分享活动,提高团队成员的技术能力和专业素养,鼓励跨部门、跨集团的和谐创新。

再如,设立跨子公司的数字化项目孵化器。创建数字化项目孵化器,用于孵化和推广数字化创新项目,吸引不同子公司的团队共同参

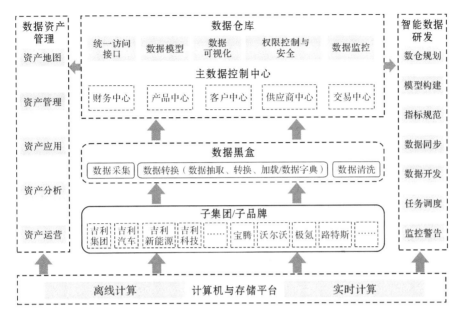

图 5-9 数据中台组成部分及功能

与并合作开展数字化创新。提供资源支持和专业指导,鼓励各子公司共同打造具有跨子公司影响力和行业领先地位的数字化创新项目。建立评估机制和激励体系,对孵化器中孵化的数字化项目进行评估和奖励,以激发跨子公司团队的创新热情和合作动力。

相信只要财务有效赋能创新,与研发部门紧密合作,吉利集团必将能在新时代显现暴发之势,延续其在燃油汽车领域的神话。

在财务转型浪潮席卷下,在企业创新愈发重要背景下,财务更需要对企业创新进行高效支持与精准赋能,从而更好地提供创新原动力,激发创新高活力,实现创新高效能。因此,对企业来说,尤其是对传统车企而言,财务赋能创新尤为重要。

第一,汽车行业的激烈竞争导致车企必须持续全面支持研发。吉利集团所处的汽车行业一直处在发展变革的前沿,多样又多变的消费群体需求,层出不穷的新兴商业模式,布局新能源和智能化的车企共识,颠覆性技术对整个产业链、价值链和生态圈的影响等,在这些要素的持续叠加下,企业面临着竞争异常激烈的市场环境,而研发是在竞争中保持优势的必经之路,车企需全面支持研发。

第二,吉利集团资本密集型的企业特征对高水平财务管理的需求。在激烈的竞争环境中,技术是决胜点,而研发资金投入则是关乎这场战争能否胜利的关键,再加上典型的资本密集型行业特征,吉利集团作为车企,有庞大的体量和巨额的资金投入,财务管理的水平在很大程度上影响了其能否正确使用资金,创造更多价值。

第三,吉利集团财务体系本身的智能化发展使其能为企业创新研发带来更大价值。在吉利集团内部,财务已经经历了四个阶段的转型,如今,吉利集团的财务体系已经实现了从数据到价值、从规范到智能的跨越,数字化水平空前提高,能够利用已有数据和模型算法来实现智能预测、智能决策和经营分析等,通过整合分析各类、各渠道的业财数据,为企业创造更多价值。

"他山之石,可以攻玉。"吉利集团财务赋能创新的领先实践,对其他公司的财务体系赋能创新实践具有重要借鉴意义。

拓展阅读

财务赋能科技创新

1. 概念

科技创新的重要性在国家战略和企业发展中备受关注,尤其在党的二十大报告中得到了强调。报告指出,要"加快实施创新驱动发展战略","实现高水平科技自立自强"。此外,报告还强调了企业科技创新主体地位的重要性,指出要"发挥科技型骨干企业引领支撑作用","推动创新链产业链资金链人才链深度融合"。[①] 这些

---

① 高举中国特色社会主义伟大旗帜 为全面建设社会主义现代化国家而团结奋斗[N].人民日报,2022-10-26(01).

举措有助于促进科技创新和推动企业发展,从而为国家经济发展注入强大动力。

在企业科技创新的道路上,除研发和生产等部门的积极投入外,高水平的财务体系也能为企业带来更多的科技创新成果和效益。

财务体系包括财务管理、管理会计和财务会计等,它们如何有效赋能企业科技创新是财务人员亟须探讨的重要课题。已有研究表明,财务体系赋能企业科技创新有多种方式,在组织变革、预算管理、绩效评价、集团管控、投资决策、资金筹集和管理、成果使用或转让、税务筹划、信息系统设计、会计政策选择、研发合作伙伴关系的创新、战略重组、上市地点和方式选择、信息披露以及与资本市场的有效沟通等方面,均能发挥重要作用。

2. 方式研究

财务赋能创新的方式研究多以实证和案例研究的方式展开,主要集中于资金管理、人才激励、集团管控三个方面。

自有资金、外部融资等资金管理支持科技创新。充足的资金是科技创新的关键。合理的资本结构将增加自有资金比例,减少外部融资约束。外部融资可拓宽技术创新的融资渠道,及时补充资金。

人才激励鼓舞研发创新。股票激励使员工收入与企业的未来业绩相联系,相比薪酬激励能有效预防短期行为,增强团队稳定性,从而稳定企业在科技创新上的人才支持。此外,不断优化绩效考核方案,提高研发人员的绩效水平,能够促使研发部门提高研发效率,留住研发人才。

集团管控把握科技创新战略方向、获取研发资源、减小项目开发风险。企业战略需结合自身产品特性、行业发展方向和技术发展趋势等要素制定。此外,企业也可以通过战略联盟、海外并购互补性资产战略,获取有价值的研发资源,提高创新收益。同时,创新研发项目风险管控是研发成功与否的关键性因素,监控研发产出比有助于预防项目资金风险。

第六章 实现创新闭环:海康威视分拆 萤石网络上市[①]

随着 2019 年 A 股市场分拆上市政策的完善,许多上市公司选择将内部创新业务分拆上市,分拆上市已成为资本市场精准助力企业创新的新方式。本章以海康威视(以下简称海康)分拆萤石网络(以下简称萤石)上市为例,重点关注创新业务的培育机制和分拆上市的实施策略(时机、动因、挑战及应对)。为寻找第二增长曲线,海康前瞻性布局八大创新业务,并辅以股权激励、员工跟投等强激励机制,促进其快速成长,随着业务模式打通和赢利能力增强,通过分拆上市完成创新业务的价值实现和独立发展,从而实现"孵化—培育—成熟—分拆上市"的完整创新闭环。

2001 年,在国企改革浪潮中,信息产业部第五十二研究所(以下简称第五十二所,现为中国电子科技集团公司第五十二研究所)的副所长陈宗年和总工程师胡扬忠打算以数字视频监控作为突破口创立海康。可摆在他们面前的是一个巨大障碍:资金缺乏。这时,同为华中科技大学计算机系的校友龚虹嘉成为天使投资人,投入 245 万元,持股 49%,而第五十二所持股 51%。最终,龚虹嘉与陈宗年、胡扬忠共同组成"海康三剑客"。三大创始人的技术出身,为海康注入了专业

---

① 本章作者为朱茶芬、陈俊、吴雨思。

化、创新发展的基因。

当时国内市场被索尼、松下等海外品牌占据,海康的视频压缩板块销量很低。由于美国"9·11"事件的影响,各国政府对安防投入空前加大,海康率先将视频压缩板块引入安防监控领域,因而市场占有率快速提升。为留住和激励人才,2003年底,龚虹嘉承诺,若未来公司经营状况良好,将参照原始投资成本向经营团队转让15%的股权。随后,海康进入了发展的快车道。

2007年底,海康净资产已经从创立时的500万元快速增至6亿多元。龚虹嘉兑现承诺,将持有的15%股权以75万元转让给员工持股平台,实施了第一次股权激励。这次股权激励在海康的发展历史上至关重要,因为股权承诺的兑现让经营团队对公司有了更强的归属感。创业初期,对核心经营团队进行股权激励,并不罕见,但海康在此次股权激励中有两点非常值得借鉴:第一是好的时机。海康并没有选择在一开始就分配股权,是因为那个时间点,事业不确定性极大,核心经营团队已经放弃第五十二所事业编制,如果再出资占有股权,风险太高,背负压力太大。选择在海康经营上正轨、需迈上下一个发展台阶的时间点实施股权激励,一方面体现对团队的奖励,另一方面通过事业归属感,推动企业下一阶段目标实现。第二是兑现条件设置巧妙。股权的珍贵之处不仅在于其价值,也体现在获取它的过程。以公司阶段性经营业绩为股权承诺兑现条件,能充分激发核心经营团队的创业热情。

2010年5月,海康登陆A股市场,标志着海康已然是国内最大的安防视频监控供应商。随着中国平安城市建设的开展,海康从单纯的产品供应商转型为整体解决方案的提供商。

上市后,海康的营业收入实现了质的飞跃。2013—2017年,每年营业收入增速达30%以上,远远领先于行业增速。然而在2018—2020年,海康营业收入增速分别降至18.9%、15.7%、10.1%,其主业增长开始放缓,亟须寻找第二增长曲线。

根据 2021 年全球安防企业 50 强排名,海康以营业收入 83 亿美元夺冠。作为一家专注于技术创新的科技公司,海康在安防、智能物联领域已耕耘约 20 年。自 2015 年开始,海康着手布局八大创新业务,齐头并进,无声前行,以惊人的战绩迅速扩大产业版图;2021 年,海康重新进行战略定位,将业务领域明确为"智能物联 AIoT",同时直指下一个 10 年目标——致力用创新业务"再造一个海康"。

2022 年,党的二十大会议上,创新驱动发展战略备受瞩目。一方面,资本雄厚、人才密集的企业集团作为创新的最重要主体,如何构建好的机制来激发内部创新创业活力、成功培育创新业务,成为当下的重大议题;另一方面,资本市场作为促进科技创新和实体经济发展的重要平台,如何更精准地助力创新业务的发展,亦是全新的重大议题。而海康分拆萤石上市的案例,对于这两个重大议题都具有重要启发。海康内部创新业务的蓬勃发展和 80% 的高成功率,其背后是一整套科学有效的激励机制,包括股权激励和员工跟投计划等;创新业务经历孵化、培育、成熟后,通过分拆上市的新途径高效实现资本和创新的对接,完成创新业务的价值实现和独立发展,从而构建起"孵化—培育—成熟—分拆上市"的完整创新闭环(如图 6-1 所示),实现"创新投入—价值共创—价值实现"的价值闭环。

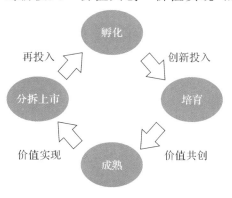

图 6-1　海康完整创新闭环

拓展阅读

分拆上市相关理论

核心战略理论,也称业务集中论。Debra(1991)提出,企业聚焦主营业务会提升总体价值,业务分散则会降低价值。因为业务分散会导致管理者无法聚焦主业,不能对所有业务实施有效管理,而业务集中更能提升资源配置效率。Robert and Gregg(1995)研究了美国 1979—1989 年间上市的公司,再次证明了业务分散会降低公司价值,进一步完善了理论,强调母公司分拆的子公司属于非核心业务及不良资产,分拆上市后母子公司各自集中资源,寻求发展,实现经营核心化。

委托代理理论。该理论源于 20 世纪 30 年代美国经济学家伯利和米恩斯,指的是当所有权和经营权出现分离,代理人受雇于委托人,双方签订合同开展后续工作,如在履行合同的过程中出现双方利益不一致的情况,代理人可能会出现不当行为。因此,如何约束代理人从而维护自身利益是委托人需要考虑的问题,监督和激励是缓解代理问题的两种重要方法,但由于委托人很少参与日常的经营,很难做到全面的监督,因此建立有效的激励机制十分必要。

一、再造一个海康:全面布局创新业务

钱塘江南岸,一座对称的双塔连体大楼矗立在杭州物联网产业园内,"海康威视"和"萤石"两个巨大的品牌标识高高挂在大楼两侧,尤为引人瞩目。

作为海康最早孵化的创新业务,萤石经历了高速发展,并在 2022 年"6·18"大促中,再次强势领跑智能家居板块,其智能摄像头的销量占据天猫和京东两大平台榜首。2022 年 6 月 6 日,萤石历经 1 年半时

间,通过了科创板的 IPO 审核。这一举动成功打响了海康 10 年目标的第一枪。同年 6 月 11 日,海康的另一创新业务机器人也启动分拆至创业板上市。连续两次分拆赚足了投资者的眼球,海康其他六大创新业务的蓬勃发展也给市场带来了连续上市的无限遐想。

那么,海康是如何成功培育众多创新业务的? 为什么选择将萤石和机器人业务分拆? 创新业务在分拆上市过程中会遭遇怎样的挑战? 海康又是如何成功化解这些挑战的? 海康的实践无疑可为其他公司的创新业务培育和分拆上市策略实施提供重要借鉴。

(一)智能化泛安防时代:爆发风口的万亿蓝海市场

安防行业主要围绕视频监控技术进行迭代换新。在经历数字化、高清化、智慧化三个阶段以后,目前传统的安防市场已经处于产业发展成熟期,正在步入智能化泛安防的新时期(如图 6-2 所示)。

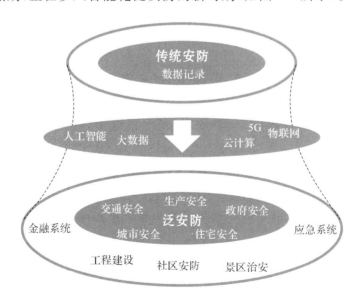

图 6-2　智能化、泛安防时代

过去,安防行业的主要消费群体是政府部门。但近年来,商用和民用的消费需求增长,买方群体被重新界定。从竞争格局来说,传统的安防市场是一片红海,但随着"智慧城市""数字乡村"等大型政府项目的推进,安防行业迎来了新的发展机遇;5G、人工智能、物联网等信息技术的应用,也加快了传统安防市场边界的突破,安防与金融、地产、交通、家具等行业进行融合,形成了开放互联的泛安防产业平台,智慧化和生态化已成为行业发展的主流。

智能化泛安防时代的到来,带来了万亿的蓝海市场。众多互联网公司和 AI 算法公司携带资本、技术快速涌入,进一步加剧了细分市场竞争。有人开始担心传统安防巨头如何生存。对此,海康总裁胡扬忠自信地回答:"作为老牌安防公司,缺什么我们就补什么。我们满屋子的博士、硕士,AI 技术绝对不比其他人差,而且我们更懂客户,更知道客户的需求。"

2013 年,海康的营业收入首次突破 100 亿元。随着整个安防市场逐步向智能化泛安防时代过渡,海康凭借敏锐的市场洞察力,提前布局新赛道,开启二次创业(如图 6-3 所示)。

图 6-3　海康 2010—2021 年发展历程

(二)二次创业:创新业务蓬勃发展

自 2015 年开始,海康陆续布局八大创新业务,以视频技术和智能感知技术为核心,在不同的行业场景里创新应用。其时间和最终营业收入占比的情况如图 6-4 所示。

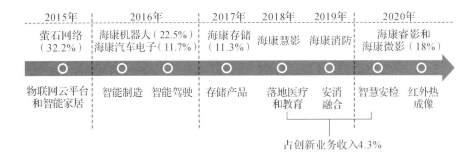

图 6-4　海康八大创新业务的布局时间和营业收入占比

　　在 2016 年的年报中，海康首次披露了创新业务的比重——2.03％。之后，创新业务每年以惊人速度增长。在 2021 年年报中，海康已经有 5 个创新业务的营收超过 10 亿元，而老大萤石更是不负众望，营收达到 42.38 亿元。2016—2021 年，海康的创新业务表现如表 6-1 所示。不追风口的海康再次站到了风口前，陈宗年把这低调地称为守拙："学会耐住寂寞，厚积远远比薄发更需要时间的沉淀。"

表 6-1　海康 2016—2021 年创新业务表现

年份	创新业务营收/亿元	创新业务同比增长率/%	创新业务比重/%
2016	6.48	191.83	2.03
2017	16.55	155.40	3.95
2018	26.97	62.96	5.41
2019	44.37	64.52	7.70
2020	61.68	39.01	9.71
2021	122.71	98.95	15.07

　　创新业务的发展离不开海康源源不断的研发投入。海康自 2010年 5 月上市至 2021 年，累计研发投入达到 354 亿元，从 2017 年的7.62％到 2021 年的 10.13％，研发投入占比逐年增高，为布局智能物联 AIoT 夯实了技术基础。

（三）精准激励：激发员工创新活力

创新业务具有风险大、周期长、创新属性强的特点，其发展离不开优秀的人才队伍，需要激发员工自身的创新意识和创业精神，实现员工和创新业务项目之间的精准激励、强度激励、自我驱动，缓解委托代理问题。如何有效激励人才，关乎公司的发展。2010 年上市后，为进一步捆绑公司利益和员工利益，充分调动核心员工积极性，海康开始常态化实施股权激励（如表 6-2 所示）。该激励机制以 2 年为周期，截至 2022 年，已连续实施五期，分别占授予时公司总股本的 0.43%、1.32%、0.86%、1.43% 和 1.07%。激励范围覆盖高管到核心骨干在内的近万人，激励人数占比从首期的 9.86% 提升到第五期的 24% 左右，解锁业绩条件具有高挑战度。骨干员工有机会连续参加多期激励计划，手上既有已解锁的股票，也有未解锁的股票，从长远来看，这能让员工形成稳定的激励预期，非常有助于队伍稳定。自激励计划实施以后，较好的股权收益不仅有效增强了公司薪酬的竞争力，还在员工稳定方面发挥了重要作用，大大降低了人才流失率，人才离职率从 2011 年的 11.35% 下降至 5% 以下，远低于行业平均值。

表 6-2　海康限制性股票激励计划

项目	第一期	第二期	第三期	第四期	第五期
授予时间	2012 年 8 月	2014 年 10 月	2016 年 12 月	2018 年 12 月	2022 年 1 月
激励模式	限制性股票				
股票来源	定向发行新股				
有效期	10 年				
锁定期	24 个月				
解锁期	分三次解锁（授予后的 24—60 个月）				

续　表

项目		第一期	第二期	第三期	第四期	第五期
考核指标		解锁前一年的扣非后净资产收益率和复合营收增长率	第一期基础上增加净利润和扣非后净利润	在第一期基础上增加经济增加值（EVA）	在第一期基础上增加经济增加值（EVA）	在第一期基础上增加经济增加值（EVA）
解锁条件		净资产收益率≥15%、16%或17≥；复合营收增长率≥30%；上述均达到或超过标杆公司75分位水平	净资产收益率≥20%；复合营收增长率≥35%、30%、26%；上述均达到或超过标杆公司75分位水平	净资产收益率≥20%；复合营收增长率≥25%、23%、21%；上述均达到或超过标杆公司75分位水平。EVA和上一年度相比有增长，且高于授予前一年	净资产收益率≥20%；复合营收增长率≥20%；上述均达到或超过标杆公司75分位水平。EVA和上一年度相比有增长，且高于授予前一年	净资产收益率≥20%；复合营收增长率≥15%；上述均达到或超过标杆公司75分位水平。EVA和上一年度相比有增长，且高于授予前一年
激励人数	高管	0	10	18	6	6
	中层管理	32	22	92	141	135
	基层管理	179	755	144	432	836
	核心骨干	422	394	2738	5935	8956
激励人数占比/%		9.86	11.86	19.64	24.74	23.27
授予人数/人		590	1128	2936	6095	9738
激励股票数量/股		8611611	52910082	52326858	121195458	97402605
授予价格/（元/股）		10.65	9.50	12.63	16.98	29.71

　　海康的股权激励是薪酬的一个补充，而非暴富工具。其考核指标设置科学且颇具挑战性，真正起到了激励而非福利的效果。ROE、复合营收增长率、EVA多重指标约束了，考虑了营利性和成长性，全面体现了企业经营导向，同时考核公司的绝对表现和行业竞争力，要求

这些指标的表现均要达到或超过标杆公司 75 分位水平,对标的评价方式要求公司在动态竞争环境中始终保持行业领导力。

对于海康这样的高科技企业,创新是其业务发展的根本。随着企业规模扩大,业务范畴增广,创业期的激情逐渐减弱,如何保障企业持续的创造力成为企业发展的关键问题。为推动创新业务的孵化培育,有效激发员工创业精神和创新动力,支持公司智能物联 AIoT 战略实现,海康于 2015 年开国企先河,首次实施员工跟投创新业务机制,搭建内部孵化平台,大力鼓励创新,精准激励创新。

2015 年,海康颁布《核心员工跟投创新业务管理办法》,明确了创新业务的边界、跟投比例、股权退出等系列安排(如图 6-5 所示)。该管理办法将创新业务的为三类,并要求创新业务需紧紧围绕公司战略需要。由于创新业务风险大、不确定性高,跟投周期长达 5—8 年,该管理办法还明确指出不将成熟业务作为创新业务,以防止利益输送。跟投计划根据适用对象不同分为 A 计划和 B 计划,包括强制跟投和

创新业务定义

- 业务发展前景不明朗,具有较高风险和不确定性,但根据公司的战略需要想进入的新领域;
- 公司已经投了但一直在亏损的项目,需要进一步投入;
- 员工想做且公司觉得未来可能会跟公司业务发生关联的项目

A计划　　　　　　　　　　　　　　　　**B计划**

强制跟投(各类创新业务)　　　　　　**自愿跟投(特定创新业务)**

适用对象:海康及其全资子公司、创新　　适用对象:创新业务子公司核心员工
　　　　　业务公司的中高管理层和核　　目的:进一步激发员工的创新意识与
　　　　　心骨干员工　　　　　　　　　　　　　拼搏精神
目的:员工与创新业务牢牢绑定,形成
　　　共创、共担的业务平台

退出机制

- 海康可以公允价格进行整体回购员工持有的股权;
- 跟投平台可对外转让其持有的创新业务子公司股权,海康享有优先购买权;
- 如创新业务子公司符合独立上市条件,优先考虑及支持其上市

图 6-5　海康《核心员工跟投创新业务管理办法》的具体安排

自愿跟投,旨在建立符合高新技术企业行业惯例的高风险和高回报的人才吸引、人才管理模式。

以萤石为例,截至 2021 年 9 月 30 日,参与跟投的情况如表 6-3 所示。

表 6-3 萤石跟投计划的参与情况

持有人	通过跟投计划享有萤石的权益比例/%
萤石董事、监事、高级管理人员及核心技术人员	4.37
萤石及其控制的企业的员工	5.56
海康董事及高级管理人员	7.33
海康及其控制的其他企业的员工	22.74
合计	40

此外,该管理办法明确了各创新业务子公司的股权结构——海康持有 60%股权,保持控股地位;员工跟投平台持有 40%股权。该平台是海康与中建投信托股份有限公司在 2016 年 6 月共同成立的信托计划,期限为 15 年。所有创新业务子公司的股权都通过信托计划内的杭州阡陌嘉盈股权投资合伙企业(有限合伙)所持有。如图 6-6 所示,萤石"六四开"的股权结构体现在所有的创新业务中。

海康的研发体系共形成了三级创新平台:第一级是研发中心,主要致力于当前业务的创新;第二级是海康研究院,主要致力于关键性的、共性的、前瞻性的技术研发;第三级是跟投平台,该平台是创新业务的试验田,是员工创业的孵化器。核心员工跟投机制对海康员工而言,不是激励,而是同股同权的投资。

海康的核心员工跟投机制是精准、灵活、动态和可持续的。它让公司与员工风险共担、收益共享、高度利益绑定,在激发员工创业拼搏热情和创新积极性的同时,还能解决人员流动带来的股权流转问题,使得有限的股权资源能够永久用于核心人才激励。

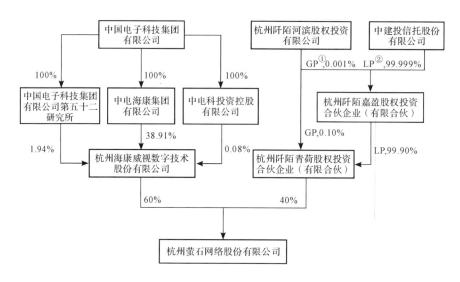

图 6-6　萤石网络股权结构

　　核心员工跟投机制是经国资委认可的国有企业中长期激励方式的重要创新和探索。正如海康董事长陈宗年在接受采访时表示："海康本身就是创新的产物。它不断探索和实践体制改革与业务创新，从科研院所转变为上市公司，从设备生产商发展成解决方案提供商，再到现在成为内容服务的提供商。改革和创新始终是海康发展的动力，而其在进行员工跟投机制设计时更是走在了国企的前列，把核心员工的事业梦想与公司创新业务发展融为一体，通过不同的入股方式，实现公司及员工的双赢，进一步激励企业创业创新，激发企业持续创新活力。"

　　海康的两大激励机制，股权激励和员工跟投，二者相互配合补充，前者是常规性、短期性、适用于所有业务的激励，后者是高风险、长期性、精准聚焦创新业务的激励，员工可同时参与。这两大激励机制让公司和员工成为利益共同体，充分激发了员工的创业激情和创新主动性，起到了员工激励和人才保留的作用。

---

①　GP(general partner)，即普通合伙人。

②　LP(limited partner)，即有限合伙人。

二、萤石成长记

萤石成立于 2015 年[①]，致力于成为可信赖的智能家居服务商及物联网云平台提供商。早在 2013 年，海康就已敏锐地洞察到智能安防在消费者领域的新机会。彼时海康的营业收入已突破百亿，其管理层意识到，要利用企业现有的良好基础开启二次创业。机不可失，海康迅速在内部成立了一个部门——互联网业务中心，并发布了萤石品牌。由于早期相关市场很不成熟，萤石只能在摸索中不断实践，先推出小规模的产品来洞察市场需求，再一步步发展自己的核心技术；同时海康也不遗余力地为萤石保驾护航，提供资金、渠道、技术和人才等方面支持。

就这样，萤石在海康的培育和支持下茁壮成长，"1＋4＋N"的业务布局逐渐形成（如图 6-7 所示）。其中，"1"代表萤石物联云平台；"4"代表主要的智能家居硬件设备，即智能家居摄像机、智能控制、智能入户和智能服务机器人；"N"代表生态产品。萤石凭借顶尖的智能视频和感知技术，根据用户需求对增值服务和智能家居产品迭代更新。

随着全球智能家居行业飞速发展，未来智能家居的年复合增长率预计将维持在 15％左右，其市场发展空间广阔，较早布局的萤石迎来了高速成长。2019—2021 年，萤石相关营业收入情况如表 6-4 所示。其中，萤石的营业收入分别为 23.64 亿元、30.79 亿元、42.38 亿元，归母净利润分别为 2.11 亿元、3.26 亿元、4.51 亿元，自身造血能力增强；其主营业务毛利率分别为 33.81％、35.03％和 35.14％。

---

① 2015 年 3 月 1 日，海康公布《杭州萤石网络有限公司章程》，出资成立杭州萤石网络有限公司，注册资本为 100 万元，其前身为海康的互联网业务中心。

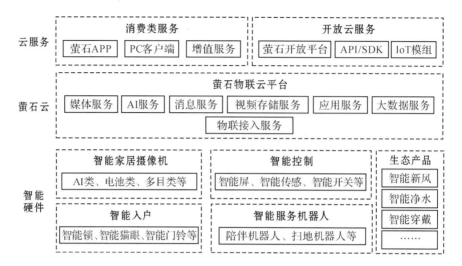

图 6-7　萤石"1＋4＋N"的业务布局

表 6-4　萤石 2019—2021 年营业收入情况

项目	2019 年		2020 年		2021 年	
	金额/万元	毛利率	金额/万元	毛利率	金额/万元	毛利率
主营业务收入	235409.69	33.81%	306849.79	35.03%	419863.78	35.14%
智能家居产品	198715.52	25.57%	264759.34	27.99%	366068.00	29.39%
智能家居摄像机	147624.41	27.16%	201945.93	29.01%	293850.80	30.77%
智能入户	19283.23	29.68%	26559.92	31.18%	33470.51	31.57%
其他智能产品	3685.51	16.45%	5509.73	28.46%	9734.72	26.56%
配件产品	28122.37	15.56%	30743.76	18.46%	29011.98	13.87%
云平台服务	26018.92	69.65%	41548.72	79.03%	53795.77	74.28%
计算机软件产品	10675.24	100.00%	541.73	100.00%	—	—
其他业务收入	1034.35	—	1009.16	—	3929.79	—
合计	236444.03	—	307858.95	—	423793.57	—

萤石以智能硬件和云平台服务双核驱动发展。其中，云平台服务毛利高，成为萤石重要的增长点。截至 2021 年上半年，萤石云平台的设备连接数达 1.3 亿台，平均日活跃用户数达 1400 万人，市场认可度较高。

萤石凭借卓越的业绩独当一面，其"1＋4＋N"的业务布局也让人眼前一亮。在研发方面，截至 2023 年 12 月 31 日，萤石已累计拥有授权发明专利 219 项，软件著作权 83 项，给其他创新业务发挥了表率作用。

三、分拆上市，打造创新闭环

（一）多种契机，萌发分拆想法

海康根据国家政策以及整体的战略规划、经营状况和行业环境，动态考虑内外部环境变化以及分拆上市的难度，统筹布局，做出分拆上市的决策（如图 6-8 所示）。

S	内部的优势： 用户黏性强； 多年布局，经验丰富； 创新业务快速发展； 充足的人才储备； 技术研发投入多	W	内部的劣势： 主业增速放缓； 创新业务存在资金缺口； 融资风险大； 存货积存多； 偿债能力不足
O	外部的机遇： 数字化技术的赋能； 国家政策的支持； 传统安防市场边界的突破； 碎片化、个性化的发展趋势； 智能家居良好的行业前景； A股分拆政策的完善	T	外部的挑战： 传统的安防行业成为红海； 美国实体清单的威胁； 互联网公司和AI算法公司的涌入； 监管层对上市的严格审核

图 6-8　萤石分拆上市时，海康的 SWOT 分析

2019 年，由于国内疫情暴发，经济增速放缓，在 5G、人工智能、物联网等信息技术的应用下，传统安防进入智能化泛安防时代，拥有万亿级巨大市场空间，然而这也吸引了互联网巨头、AI 算法公司加入。

与华为、商汤科技等科技、互联网巨头相比,海康在算法和算力方面有所欠缺,但在行业场景和对用户需求的理解上更有优势。为此,海康制定了智能物联 AIoT 的战略定位,以视频技术为核心,进行各行业场景化的创新,全面布局了八大创新业务,加大研发投入。随着萤石业务逐步成熟,分拆出去有利于母公司更好地专注其他创新业务的培育。再加上美国实体清单的威胁,不确定的大环境让海康的业务面临众多挑战。于是,海康想要分拆萤石,以减轻对萤石的负面影响。

2019 年 12 月,中国证券监督管理委员会出台了《上市公司分拆所属子公司境内上市试点若干规定》,允许 A 股公司分拆子公司至 A 股上市。政策的发布对于海康而言可是一个重大利好。海康将萤石分拆上市,类似于华为和其子公司荣耀分家,既可以获得融资,还可以有效摆脱实体清单的制裁。

此外,萤石的行业特点和发展情况也是海康做出分拆上市决定的重要影响因素。萤石所处的智能家居行业发展前景较好,属于高速发展的蓝海市场。经过多年培育,萤石自身发展壮大,赢利能力较强,而负债率较高,亟须获得更多融资以加快发展。而且,萤石所处的智能消费相关设备制造板块的市盈率较高,将可比公司的市盈率进行平均,大约是 40.5 倍。而母公司海康的市盈率约为 20 倍。整个资本市场看好智能制造板块的发展前景,其市场估值较高。萤石选择在这个时机上市有利于价值实现。

但海康并没有急于分拆,而是稳步推进、夯实基础。海康时任董事长秘书黄方红在投资者关系活动中笑着说:"未来的发展会水到渠成的,萤石目前仍应踏踏实实做业务。"在以往的分拆案例中,监管层追问最多的便是独立性、关联交易等问题。因此,为了增强萤石的独立性,尽早防范可能的风险,萤石于 2020 年初开始自建生产和采购体系,打造线上和线下相结合的新销售渠道,积极开拓新客户。

（二）万事俱备，东风亦至

2020 年 4 月 25 日，海康宣布开启萤石的分拆之路。公告发布后的第一个交易日，股价上涨了 4.5%。经过大半年的筹备，2021 年 1 月 9 日，海康公布萤石分拆至科创板的预案，股价已从启动分拆时的 29.7 元/股涨至 57 元/股。2021 年 8 月 11 日，海康对预案进行修订，进一步明确海康和萤石的战略定位，同时对同业竞争和独立性、关联交易等问题进行了详细解释。2021 年 12 月 14 日，萤石上市申请获上海证券交易所（简称上交所）受理。

为什么会选择在这个时点进行分拆呢？除了减轻美国实体清单制裁的压力之外，海康还有其他考虑。经过多年的积累，越来越多的创新业务蓬勃成长，每个项目都需要大规模的资金支持，而萤石想要继续壮大，还需要在公司内部排队筹资。截至 2021 年底，萤石资产负债率为 62.24%，高于同行，想要快速扩张，股权融资迫在眉睫。

2021 年 1 月的分拆预案中提到，这次分拆前，海康主体业务是为公共服务领域用户、企事业用户和中小企业用户提供以视频为核心的智能物联网解决方案和大数据服务。2016 年起，公司在传统安防主业的基础上，进一步为用户多元化需求场景探索更丰富的应用类型，打造了萤石等多家从事创新业务的子公司，持续培育并推进其稳健发展。萤石的主营业务为智能家居及云平台服务，属于创新业务。海康分拆萤石属于创新业务孵化后分拆的模式，母公司海康保持着控股地位。海康通过自身丰富的资源，为孵化的创新业务提供发展机会，提供资金、技术、人才等各方面的保障，而萤石等创新载体在业务模式打通和赢利能力增强时，选择独立上市融资，争取价值实现和独立发展。

在分拆预案中，海康还强调了分拆的意义：通过分拆，萤石将独立上市，加大对智能家居核心技术的进一步投入，实现智能家居业务的做大做强。分拆上市后，海康和萤石将专业化经营、发展各自具有优势的业务,有利于各方股东价值的最大化。本次分拆有利于萤石提升发展与创新速度,增强公司整体实力,并进一步拓宽融资渠道,便利其独立融资。

当然,分拆的关键动因还与创新激励有关。2021年1月的分拆预案中提到,作为知识和技术高度密集化的公司,萤石上市能够促进公司治理结构和激励制度的完善与建设,保持核心人员稳定,并进一步吸纳人才,提升团队凝聚力和企业核心竞争力。在投资者关系活动中,海康高管也谈到分拆的重要初衷:创新业务独立上市有利于跟投员工长期股权的价值实现。为持续激励员工创业拼搏的热情和创新的积极性,分拆上市成为最佳选择。

(三)披荆斩棘,成功过会

作为内部培育的创新业务,萤石是在海康的平台上生长起来的。基于资源共享、能力复用、经营效率等考虑,早期的萤石使用了海康成熟的管理系统并部分借用了海康的渠道资源和生产能力,这有效提高了其创业的成功率,推动了其快速发展,这也正是集团内部创业相对于独立创业的巨大资源优势。然而,内部业务要分拆独立,势必遭遇更大的挑战(如图6-9所示)。上交所于2022年1月11日、2022年3月24日分别出具了两轮审核问询函,问题聚焦在独立性、同业竞争及关联交易上。

独立性不足	同业竞争	关联交易多
中后端管理系统共用; 经营场所由关联方提供	采用技术雷同; 产品功能相似	渠道复用; 客户和供应商的重合度高; 关联交易额高达45.6亿元

图 6-9 萤石上市面临的挑战

其中,独立性问题较为突出,因为拟分拆的子公司要有在市场上独立经营能力,涉及资产、业务、人员、财务、机构独立等"五独立"。一是中后端管理系统共用。由于萤石是由海康的一个业务部门发展起来的,为了保持系统使用的一贯性和提升管理效率,萤石一直使用的是海康成熟的中后端系统,包括生产管理系统(ERP 系统、MES 系统、SRM 系统)、研发管理系统(iRDMS 系统)、财务系统(ERP 系统、BPC 系统)、人事管理系统(招聘系统、绩效系统)、办公 OA 系统(以下统称授权系统)。上交所在首轮问询中,要求萤石说明在和海康共用这些授权系统的情况下,如何切实保障独立性;在二轮问询中,要求萤石给出具体的解决方案。二是经营场所由关联方提供,萤石的办公经营场所以租赁为主,其中超过 80% 向海康租赁。

萤石在技术应用、生产模式,甚至产品业务上都带有海康的基因,难免会受到同业竞争质疑,因为与母子公司经营相同的业务可能会导致市场上非公平竞争的出现,或者出现彼此之间的利益输送风险、母子公司相互让渡商业机会等情形。具体来说,海康中小企业事业群的行业专用视频设备(比如商户购买的摄像机)存在与萤石产品(比如家用摄像机)实现相同或相似用途的可能性。另外,海康旗下的另一家从事电工电器业务的子公司鸿雁电器(全称为杭州鸿雁电器有限公司)主营业务中有以智能面板为核心的家居业务,与萤石的部分产品功能相似。

由于上市公司与分拆所属子公司之间的关联交易可能产生利益输送的风险,从而损害上市公司或子公司股东利益,因而在审核中也会是关注重点。萤石与海康存在大量关联交易。首先,自建销售渠道仍需一定的过程,所以在萤石的快速成长过程中,早期借用了海康成熟的经销商渠道(尤其是境外经销商渠道)。其次,萤石向海康销售日益丰富的云平台服务。2019—2021 年,海康及其关联方是萤石的大客户,占萤石收入比重分别为 9.10%、17.03% 和 12.44%。再次,萤石在 2020 年前都专注于研发,没有自建生产基地,而是外包给海康科技生产,这也增加了关联交易。2018—2021 年上半年,萤石与海康共计产生 45.6 亿元的关联交易。最后,萤石与海康的客户和供应商的重合度较高。2019年,重合客户的交易规模占比达到37.9%,重合供应商的交易规模占比超过80%。

为了应对分拆上市的各项挑战,萤石采取了一系列措施(如图6-10所示)。

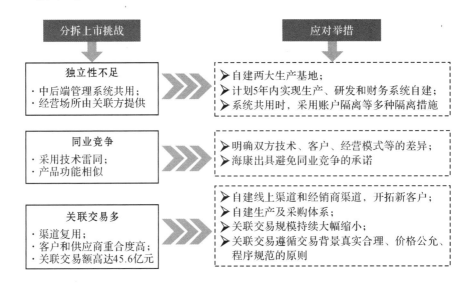

图6-10 萤石分拆上市挑战及应对

针对独立性质疑,首先,强调萤石的核心业务系统是前端应用系统,如物联云平台系统、经营管理系统、销售业务系统、售后业务系统等,均为自主开发、独立外购或与海康联合研发后,由萤石独立使用。其次,和海康共用的授权系统,主要是中后端的信息系统,并非核心业务系统。萤石计划在5年内实现这些系统自建,但在过渡期内,萤石仍将与海康共用授权系统,并采用账户隔离、数据隔离、协议安排、留痕管理等多种隔离措施,确保系统使用的独立性和数据安全。最后,通过完善内控制度、建立独立的IT部门(中台研发部)、定期对系统留痕信息进行查验、第三方IT审计等多种方式来保证隔离措施的有效性。在系统授权使用协议中,海康也出具承诺,确保萤石可以长期稳定使用授权系统。对于经营场所的问题,萤石已于2020年在桐庐和重庆建设了两个自有生产基地，并计划 IPO 后增建自有经营场所，同时与海康签订的租赁协议价格公允，协议中的优先续租等条款保障了萤石能长期使用这些场所。

为了应对同业竞争风险，萤石阐明了海康和萤石在业务定位、应用场景、客户群体、核心技术、经营模式等方面的重大差异（如表 6-5 所示）。萤石以互联网等公共网络为基础，为个人、家庭及类家居场景下的用户提供智能家居产品和服务。海康则聚焦于为公共服务领域、企事业和中小企业用户提供以视频为核心的智能物联网解决方案和大数据服务。并且，海康出具了同业竞争补充承诺，表明其与萤石功能类似的产品所产生的收入或毛利占萤石的比例均低于 10％，不构成重大不利影响的同业竞争。

表 6-5　海康和萤石的重大差异

公司	业务定位	技术层面	客户
海康	提供智能物联网解决方案和大数据服务	聚焦边缘计算技术、云边融合技术等	公共服务领域、企事业和中小企业用户
萤石	可信赖的智能家居服务商	聚焦云计算、云平台技术等	个人、家庭及类家居场景下的用户

在关联交易问题的应对上，首先，萤石强调了报告期内发生的关联交易具有必要性、合理性和公允性，不存在利益输送的情形。其次，萤石积极采取措施减少关联交易，于 2020 年初构建自有的生产和采购体系，独立打造电商平台，逐步搭建自有的经销商渠道，设立萤石香港和欧洲子公司以实现自主境外销售。这些措施的实施都有助于大规模减少关联交易，降低与海康的客户重合度。最后，在采购端，萤石的关联采购占比从 2018 年的 100％降至 2021 年的 9.87％；在销售端，萤石与海康重合客户的销售规模从 2019 年的 37.90％降至 2021 年的 26.45％。

对于短期内无法避免或因业务发展需要保留的关联交易，海康一直坚守公平竞争、交易背景真实合理、价格公允、决策程序合规的原则。早在 2015 年,《创新业务跟投管理办法》就明确表示,创新业务由子公司独立经营,自负盈亏。创新业务方面,子公司与海康之间的业务往来严格遵循关联交易相关规定。这从一开始就奠定了关联交易规范运作的制度基础。海康将萤石和市场独立方同等对待,从同台竞争角度来看待萤石和市场第三方,要求萤石的产品有市场竞争力,才可以胜出。另外,关联交易的定价规则①经过安永等专业机构确认,确保关联交易的毛利率与非关联交易无明显差异。

2022 年 6 月 6 日,萤石 IPO 首发过会,迎来了"成人礼",海康股价小幅上涨 2.3%。此次 IPO,萤石发行股数占发行后总股本的比例不低于 10%,拟募资 37.39 亿元,用于萤石智能制造重庆基地、云平台、智能家居核心技术研发等项目。2022 年 11 月 22 日,萤石 IPO 注册申请获中国证监会同意;同年 12 月 7 日,萤石发布了在科创板上市的初步询价公告。

分拆上市后,海康依然是萤石的控股股东,从发行前 60% 的持股比例降至 48%,跟投平台持股从 40% 降至 32%,其余为公众持股。萤石的预期发行价格是 33.24 元/股,预计市场估值达到 187 亿元,市盈率预计高达 41.5 倍,远远大于海康 20 倍左右的市盈率。由此可见,分拆上市实现了子公司的价值发现,重塑了其估值体系。

萤石的成功过会证明了海康探索出的创新业务发展模式是正确的,其成功经验也给其他企业提供了启示。

一是独立性。发展早期阶段,萤石聚焦在核心技术和产品研发上,基于经营效率、资源能力等考虑,借助公司已有的成熟管理系统、渠道资源和生产体系实现快速发展;当萤石在业务模式打通、业务发展逐渐成熟时,逐渐减少对母公司的依赖,实现独立化发展。

---

① 关联交易的定价规则:采用成本加成法定价时,加成率参考每年由专业机构出具的可比公司的加权平均成本加成率的参考区间;采用市场法定价时,关联交易价格参考独立市场交易价格。

二是关联交易。海康早在设置创新业务时，就已经考虑了关联交易，从一开始就奠定了关联交易规范运作的制度基础：从制度上设置好关联交易的公平交易体系，强调创新业务子公司和市场第三方的同台竞争。另外，关联交易是根据业务的发展需要发生，有真实合理的交易背景，并确保价格公允、决策程序规范、定价规则经过专业机构确认等。萤石的关联交易虽然规模大，但遵循了交易背景真实合理、价格公允、公平竞争、决策程序规范等原则，从而未形成上市的实质障碍。

三是同业竞争问题。创新业务在发展早期就要与母公司进行差异化定位，构建自身在核心技术和产品研发方面的独立能力，培育出有别于母公司的客户群体、产品种类、经营模式，实现业务独立。萤石和海康在业务定位、核心技术、客户对象、应用场景、经营模式等方面存在明显区别，这是萤石能够成功过会的重要原因。

相信未来会有越来越多的海康系子公司出现在资本市场的舞台上，管理层和核心团队也能够共享公司价值，收获创新创业的美好成果。分拆上市作为创新业务价值实现的新型方式，也将激励更多上市公司进行二次创业、连续创业，全面激发企业的内部创新活力。

拓展阅读

分拆上市的内涵

国外关于分拆上市的研究较早，Schipper and Smith（1986）认为，分拆上市是母公司完全控股的子公司首次在交易市场上以自己名义向投资者公开发行股票。相关政策文件也明确了分拆上市的内涵，2019 年，中国证监会在《上市公司分拆所属子公司境内上市试点若干规定》中指出，上市公司分拆是指上市公司将部分业务或资产，以其直接或间接控制的子公司的形式，在境内证券市场首次公开发行股票上市或实现重组上市的行为。综上所述，分拆上市的特点是分拆上市的子公司是首次公开募股,母公司对分拆前后的子公司都享有控制权。

分拆上市的类型

梳理以往分拆上市的案例,当下境内上市公司分拆主要有三种来源[①]:

第一种是内部孵化的创新业务,其背后是创新驱动发展逻辑。上市公司在转型期间,会寻找内生动力,继而出现新技术、新模式、新产品,但内部业务发展到一定程度需要资本助力,同时需要给核心员工更好的回报,分拆成为最妥当的安排。具体案例有海康连续两次启动分拆萤石、海康机器人,吉利集团分拆极氪。

第二种是垂直产业链的公司,母子公司在产业链的上下游进行扩张。具体案例有:比亚迪分拆比亚迪半导体,半导体是汽车的重要上游部件;潍柴动力分拆火炬科技上市。

第三种是公司原有的横向多元化业务。通过分拆,母子公司各自聚焦主要业务,朝更专业的方向发展。具体案例有长虹美菱分拆中科美菱,房地产企业分拆物业公司。

分拆上市的动因

现有的研究发现,分拆上市的动因主要包括满足融资需求、实现管理层激励、实施核心化战略和子公司价值发现等。

1. 满足融资需求

分拆上市可获得融资,助力子公司的业务快速扩张。肖爱晶和耿辉建(2019)研究了中兴通讯分拆上市案例,认为分拆上

---

① 资料来源于南方周末科创力研究中心,梳理沪深两市 4731 家上市公司分拆预案发现三种来源。

市可以使子公司获取足够的资金来帮助企业经营。徐宗宇等（2022）从融资约束角度，研究了我国不同产权性质的企业分拆上市后的价值差异。

2. 实现管理层激励

Debra(1991)以管理层激励理论为基础，指出分拆子公司上市有助于子公司股权激励方案的实施，将子公司业绩与股价紧密挂钩。陈伯明(2018)认为股价和绩效的高度相关性使得分拆上市能够提高子公司管理层工作积极性，有助于股权激励方案的实施。史建军(2018)分析了新浪分拆微博上市的动机，从股东利益出发激励管理层创造价值。邓建平等(2020)通过分析房地产企业的分拆上市动因，发现碧桂园分拆碧桂园服务，主要是为了将薪酬激励计划和市场绩效相挂钩，从而激发管理层主动提升公司业绩的积极性。

3. 实施核心化战略

Robert and Gregg(1995)认为母公司将非核心业务分拆出去，权益价值会因业务集中得到提升。Daley et al. (1997)比较了多元化战略发展企业和集中化战略发展企业的分拆活动，发现分拆有助于多元化企业集中发展核心业务，提升公司整体价值。欧阳桃花等(2016)以联想移动为案例，认为分拆上市可以使母子公司聚焦不同的战略目标，动态构建核心竞争力。

4. 子公司价值发现

Nanda(1991)认为公司高管与投资者存在信息不对称，高管更容易获取企业内部的信息，当公司高管认为子公司的内在价值被市场低估的时候，会选择分拆上市，达到市值管理目的。Powers(2003)从资本市场时机选择角度考虑，认为如果子公司的市场价值大于内在价值，母公司会考虑分拆上市。

第三辑　新生:从孤军作战到协同共治

市场瞬息万变,环境复杂难测,面对时代之下的转型之困、发展之困,企业该如何突围? 或许抱团取暖不失为一个好的办法。与政府携手、与同业合作、与所有利益相关者发生联结,建立起共生共荣的"朋友圈"。"海纳百川,有容乃大。"站在更高的层面,以更大的视野,牵手他人,于危机中抓机遇,于转型中谋新生,方是可持续发展之道。

第七章 政企协同共创:阿里巴巴的数字时代知识产权治理新模式[①]

随着我国电子商务的蓬勃发展,平台上各类知识产权纠纷频发,给权利人、商家和平台带来前所未有的挑战。为应对这一难题,阿里巴巴淘天集团携手浙江(杭州)知识产权诉调中心,共同打造出了一套高效灵活的知识产权纠纷解决方案——阿里巴巴线上知识产权纠纷调解机制。这一机制是电商平台与政府合作开展知识产权治理的新方式。本章剖析了这一机制诞生的背景,介绍了这一机制从构想到实施的全过程,并从权利人、商家、平台及政府多个维度分析其作用效果,以期帮助理解数字经济和平台经济中知识产权治理所面临的挑战,为探讨适应新时代要求的知识产权管理和治理方法提供启示与借鉴。

随着我国电子商务行业的高速发展,电商平台中的知识产权纠纷也随之增加,给平台参与者的正常经营造成了巨大影响。2014—2018年,浙江全省审结电商平台知识产权相关案件数量快速增加,其中涉

---

① 本书作者为黄灿、刘国桥、傅瑶、郑素丽、杨淦。

阿里系平台案件占比最高,年均增速高达 88.46％。[①] 在电商平台知识产权纠纷频发的背景下,淘天集团与浙江(杭州)知识产权诉调中心共建的阿里巴巴线上知识产权纠纷调解机制是对平台既有知识产权保护机制的有效补充。针对互联网平台复杂的纠纷场景,阿里巴巴线上知识产权纠纷调解机制满足了纠纷双方多元、高效、便捷的解纷需求,让矛盾在内部解决,实现了"矛盾不出网"。

一、知产诅咒:中小商家面临的难题

2024 年 4 月 25 日午后,在阿里巴巴西溪园区 B 区的办公室内,淘天集团知识产权投诉处理团队负责人胡海娇和调解机制负责人蒋倩倩正忙碌于日常工作,一封来自四川成都的信件悄然而至。

在社交媒体发达的时代,收信是一种奢侈的体验,两人满怀好奇地放下手头工作,拆开信封。信的开篇,以工整优美的手写字写着"感谢信",末尾处的落款姓名为"戴晴晴"。尽管尚未阅读信件正文,胡海娇与蒋倩倩已难掩心中的喜悦,她们大抵猜出了信件内容。

过去 1 年的工作中,最令胡海娇和蒋倩倩引以为豪的是:在她们的不懈努力下,淘天集团和浙江(杭州)知识产权诉调中心强强联合,共同建立了阿里巴巴线上知识产权纠纷调解机制,并于 2023 年 7 月成功上线运营。戴晴晴的来信,正与阿里巴巴线上知识产权纠纷调解机制建立有关。这个政企协同共创的知识产权纠纷调解机制,让知识产权纠纷能够在阿里巴巴平台上得到公正和高效的解决,标志着阿里巴巴知识产权治理迈入新的阶段。

在阿里巴巴线上知识产权纠纷调解机制建立之前,数字时代电子商务场景的知识产权治理面临两大挑战:治理规模大和治理难度高。

---

① 参见:《浙江高院联合课题组:涉阿里系电商平台知识产权案年均增幅 88.46％》(http://ipr.mofcom.gov.cn/article/sjzl/gn/202003/1949557.html)。

治理规模方面，2022 年我国数字经济规模达到 50.2 万亿元，占 GDP 比重达到 41.5%[①]，围绕数字平台尤其是电商平台的数字经济活动活跃度高、规模大，知识产权纠纷数量多。

治理难度方面，数字空间电子商务场景中的知识产权侵权在时间性、空间性和复杂性上均会提升治理难度。时间性上，数字空间电子商务场景下信息传播速度更快，侵权行为可以在很短时间内造成很大损害；空间性上，互联网技术的不断发展降低了传播成本，数字空间电子商务场景中的产品营销不受物理空间的限制，其创新极易被模仿和抄袭；复杂性上，数字空间电子商务场景中知识产权侵权行为隐蔽性高，侵权人容易隐藏和消除证据，侵权人身份不易识别。

数字空间中的知识产权执法的技术要求高、难度大，知识产权治理面临认定侵权行为的难度大、执法效果差等众多困境和问题。并且平台中的大量中小商家（网店经营者）缺乏知识产权意识，缺少知识产权侵权判断能力，从而时常会在经营当中无意识地侵犯他人知识产权，引发大量知识产权纠纷。

（一）知识产权纠纷：电商平台中小企业的挑战

刘雨萱，一位来自温州的淘宝店主，店铺主要经营新中式风格女装，以马面裙为主打商品。在国潮和中式风格日益流行之际，其店铺凭借着出色服务及良好口碑，在市场上逐渐占有一席之地。但是，在事业蓬勃发展之际，一场突如其来的知识产权投诉让刘雨萱陷入了前所未有的困境。

事情缘起于店内一款热卖的粉色马面裙。马面裙设计雅致，受到了广大顾客的喜爱，订单量急剧上升。然而，好景不长，2024 年 3 月，一位权利人通过阿里巴巴知识产权保护平台向刘雨萱的店铺发起了

---

① 参见中国信息通信研究院发布的《中国数字经济发展研究报告（2023 年）》（http://www.caict.ac.cn/kxyj/qwfb/bps/index_1.htm）。

侵权投诉,原因是这款马面裙上的图案未经授权便使用了其作品。

面对这一突如其来的投诉,刘雨萱毫无准备,因为这款商品是她从1688阿里巴巴批发采购网上直接进的货,在她看来,这款马面裙进货渠道安全可靠,且自己并非这款商品的设计者,并没有直接抄袭权利人的作品,怎么也没想到会因为它陷入知识产权的纠纷。

面对投诉,刘雨萱感到无助。一方面,她完全不懂知识产权法,也从没有处理过知识产权纠纷,不知道如何应对;另一方面,她一直勤勤恳恳地经营着自己的小店,好不容易扛过了初创期,生意才稍有起色就面临着店铺主打商品被下架的风险。

无独有偶,另一位淘宝店主戴晴晴也碰到了相似的难题。戴晴晴的店铺主营手办商品,创意和设计是其商品的主要卖点。作为创意工作者,戴晴晴很善于将各类创意元素融入自己的商品,提升商品附加值。

戴晴晴店铺的主打商品中有一款川剧变脸手办,是她最满意的作品之一。作为土生土长的"川妹子",戴晴晴自小喜欢川剧,尤其痴迷川剧变脸表演。在开设自己的手办店铺后,她偶然看到一个头戴帽子、手拿扇子的手办模板作品,突发奇想,在这个模板的基础上进行二次创作,融入川剧元素,设计出色彩纷呈、表情可爱且具备变脸功能的川剧变脸手办。这个手办融合了传统戏剧要素和年轻人喜欢的风格,深受消费者喜爱,支撑起了她店铺的主要销售业绩。

然而,令戴晴晴未曾想到的是,她的创意设计已经触碰到了知识产权保护的雷区。2024年3月,在川剧变脸手办大卖之时,戴晴晴突然收到阿里巴巴知识产权保护平台的知识产权投诉通知,告知其店铺中的川剧变脸手办与一位权利人持有的外观设计专利雷同,被权利人投诉侵权。

面对这一投诉,戴晴晴同样不解,认为自己只是借鉴手办模板进行了二次创作,创作后作品和原作品差别很大,并融入了自己的创意和想法,不明白为何侵权。她的店铺规模不大,没有法务团队,不知道如何应对,她担心自己店铺的热卖商品下架,会影响整个店铺的经营业绩。

(二)调解诉求:传统纠纷解决机制的局限

当接到权利人的投诉后,刘雨萱和戴晴晴意识到了问题的严重性,在繁忙的日常经营中,两位店主都忽略了产品设计背后知识产权的重要性,引发了法律风险。

初始的惊慌和无助过后,她们开始寻求解决办法。知识产权纠纷的主要解决方式一般包括三类,即诉讼、仲裁和调解,如表 7-1 所示。

表 7-1 知识产权纠纷的主要解决方式

解决方式	定义	优势	不足	未来发展趋势
诉讼	知识产权诉讼是指当知识产权权利人认为其权益受到侵犯时,向法院提起民事诉讼,请求法院判定侵权行为是否存在,并要求赔偿损失或采取其他法律救济措施的过程	具有权威性,判决结果具有终局性和强制执行力;可以解决复杂、重大的知识产权争议;公开审判有助于提升公众知识产权意识	程序复杂,耗时较长,成本较高;可能公开敏感信息	诉讼程序进一步简化,提高效率;电子诉讼和在线审理成为趋势;跨国诉讼合作加强,国际协调机制更加完善
仲裁	知识产权仲裁是指双方当事人根据事先达成的仲裁协议,将争议提交给一个或多个仲裁员组成的仲裁庭,由仲裁庭依据事实和法律规定做出裁决的过程,该裁决对双方均有约束力	专业性强,仲裁员通常为该领域的专家;程序灵活,效率相对较高;裁决具有终局性	需双方同意并预先设定仲裁条款;费用可能较高,特别是涉及国际仲裁时;裁决较难上诉,错误难以纠正	仲裁规则更趋国际化和标准化;在线仲裁和虚拟听证会普及;仲裁机构之间的合作增强,促进裁决的全球认可

续　表

解决方式	定义	优势	不足	未来发展趋势
调解	知识产权调解是指在第三方(调解员或调解机构)的协助下,知识产权争议双方自愿协商,寻求达成双方均可接受的解决方案的过程	保持双方友好关系,有利于后续合作;灵活性高,程序简单快捷;成本较低,可定制解决方案	调解结果依赖双方自愿,无强制执行力;对于原则性、复杂的争议可能难以达成一致	调解机制更系统化、专业化,调解员培训和认证加强;在线调解平台发展,提高调解的便捷性和效率;与司法系统的衔接更紧密,调解协议的司法确认和执行机制更完善

　　经过深思熟虑,刘雨萱和戴晴晴不约而同地认为通过调解的方式和权利人达成和解是最优的选择。因为知识产权诉讼具有显著的专业性特征,她们都只是中小商家,没有法务团队,不懂得如何进行知识产权诉讼,同时也深知知识产权诉讼的时间之久、成本之高。并且,仲裁机制存在费用较高、时效性较低、灵活性不足等不足。几经考虑,刘雨萱和戴晴晴都希望能让调解机构介入,帮助调解其和权利人的知识产权纠纷。

　　站在权利人角度看,他们投诉刘雨萱和戴晴晴的店铺,并不一定以商品下架为首要目标,而是希望制止侵权行为,防止自己的创新成果被滥用。一名权利人解释说:"我并不是见不得她们(商家)好,一定要她们删除商品链接,经营不下去。我就是看见自己的创新成果在未经我允许的情况下用于谋利很不舒服。不论她们是不是故意的,我只是希望这种行为立刻停止,至于要不要下架商品、怎么赔偿等问题都可以商量。"这意味着,处于知识产权纠纷双方的权利人和商家并非完全对立。其相互之间的矛盾具有调解空间,可以通过调解机构寻求双方利益诉求的平衡点,从而解决纠纷。

　　刘雨萱和戴晴晴本以为调解会是解决她们碰到的知识产权纠纷的方法,却在四处打听之后并没有发现令她们满意的调解机制(如表

7-2所示)。第一,她们没有权利人的联系方式,没有办法联系权利人,询问对方的调解意愿。第二,现有的纠纷调解大多都是在线下进行的,而权利人可能和她们相隔千里,两位店主很难去权利人所在的城市接受调解。第三,这些调解机制似乎流程并不简单,费用也不低。

表 7-2   知识产权主要调解机制比较

调解类型	定义	优势	不足	未来发展趋势
诉讼调解	在法院诉讼过程中,由法官或指定的调解员协助双方当事人达成和解	专业性强,判决具有强制执行力;调解过程可与诉讼程序紧密结合	时间可能较长;程序相对正式和严格	强化在线诉讼调解平台建设,提高效率;融合更多科技手段辅助调解
人民调解	在人民调解委员会主持下,通过说服教育、规劝疏导等方式,促使双方自愿达成协议	成本低,程序简便快捷;有利于维护社会稳定和谐	权威性和约束力相对较弱;专业性可能不足	建立更多专业性人民调解组织;加强与线上平台的融合
行政调解	由政府知识产权管理部门主持,利用行政权力解决纠纷	具有专业背景和权威性;能快速执行,节约成本	可能存在偏袒行政利益的嫌疑;调解结果的终局性有限	强化服务理念,优化调解程序;提升调解人员的专业性和独立性
行业调解	行业协会或专业组织基于行业规则和标准,对行业内知识产权纠纷进行调解	行业知识丰富,针对性强;有助于建立行业规范	范围有限,可能缺乏法律强制力	推动行业调解规则与法律体系对接;增强跨行业合作
律师调解	由专业律师担任调解员,运用法律专业知识帮助双方达成协议	法律专业性强,调解方案合法有效;信任度高	费用可能相对较高	发展专业化律师调解团队;推广在线律师调解服务
电商平台调解	电商平台设立的专门调解机制,处理平台内发生的知识产权争议	处理速度快,流程便捷;直接关联销售平台,影响即时;利用平台数据辅助判断	规则可能偏向平台利益;专业性和中立性有时存疑	强化自动化处理与 AI 辅助决策;提升透明度与公信力;加强与官方知识产权管理体系的联动

眼看着时间一天天过去,自己店铺的主打商品依然处于暂时下架状态,刘雨萱和戴晴晴不由得心急如焚。一筹莫展之下,刘雨萱和戴晴晴开始求助于阿里巴巴平台。

二、平台担当:淘天集团探索知识产权调解机制新模式

(一)理念革新:汲取枫桥经验[①],探索线下调解

从 2019 年开始,淘天集团知识产权投诉处理团队就多次收到平台上知识产权涉嫌侵权商家的求助,希望他们能出面帮助调解纠纷,降低损失。

面对这些诉求,淘天集团知识产权投诉处理团队负责人胡海娇十分同情和理解,但又感到忐忑和为难。在一次内部工作讨论会上,淘天集团知识产权投诉处理团队成员还就此问题争论起来。一位成员认为:"对于我们平台方来说,遵照《电子商务法》的规定履行'通知—删除—反通知'规则流程是法定义务,也是一个非常成熟的机制。我们插手调解知识产权纠纷既不是义务,还会增加企业经营负担,甚至可能引发自身法律风险。"[②]

同事的担心无可厚非,但胡海娇却认为作为平台应该有所担当:"我们平台上的商家对于知识产权不是很了解,缺少专业知识,在被投

---

① 20 世纪 60 年代初,浙江省诸暨市枫桥镇在社会主义教育运动中创造"发动和依靠群众,坚持矛盾不上交,就地解决,实现捕人少,治安好"的枫桥经验。21 世纪以来,枫桥经验得到进一步的发展,"立足基层组织,整合力量资源,就地化解矛盾,保障民生民安"成为其核心理念。如今,枫桥经验已成为浙江省乃至全国平安建设、构建和谐社会的一大法宝。坚持和发展新时代枫桥经验有助于推进国家治理体系和治理能力现代化。

② 我国 2019 年 1 月 1 日起实施的《电子商务法》在其第四十一至四十五条规定了电子商务平台知识产权保护规则,根据这五条关于平台处理知识产权纠纷的法律规定,电子商务平台需要承担四方面的知识产权保护义务职责:一是制定知识产权保护规则;二是接到通知后及时采取必要措施;三是转送通知以及对反通知等信息及时公示;四是知道或应当知道平台内经营者侵犯知识产权时采取必要措施。在这些职责规定下,电子商务平台需要秉持技术中立的基本立场,没有主动审查的义务,但有注意义务。平台在收到权利人侵权通知后一般会选择删除相关内容,以避免承担相应的民事责任。

诉之后,他们除了去申诉以外,没有其他的解决办法。我们作为平台的构建者,面对商家如此高频和迫切的纠纷调解需求,不应该袖手旁观,虽然帮助商家调解知识产权纠纷不是我们的法定义务,但也确实义不容辞。"

胡海娇以为,帮助商家解决知识产权纠纷并不在《电子商务法》"通知—删除—反通知"规则规定的平台义务范围内,但平台企业作为其所构建的电商平台生态系统的守门人和管理者,有责任和能力协助平台内商家处理知识产权纠纷。另外,良好和谐的知识产权保护环境是平台持续发展的必要条件。知识产权侵权行为频发会影响平台正常的经营活动,导致平台内优质卖家和买家的流失,最终阻碍平台的可持续发展。协助商家调解知识产权纠纷,有助于进一步规范平台商家的知识产权相关行为,促进平台良好创新和商业环境的建设。

拓展阅读

平台知识产权治理

知识产权治理是参与主体多元化、治理依据多样化、治理方式多元化的一种组织过程。在平台生态系统中,知识产权治理是平台企业约束和激励平台生态系统成员的关键工具。这是因为平台生态系统涵盖了大量供应商和互补者、消费者和辅助者等角色,平台企业需要通过知识产权治理确保供应商和互补者能从其创新中获利,从而激励创新,提升平台生态系统整体经济效益。

平台知识产权治理的相关研究已经表明,平台生态系统中的知识产权治理明显区别于传统情境的知识产权治理:第一,平台企业在平台生态系统中处于多边关系的中心位置,具备重要的信息

> 优势和资源优势,平台企业能更有效地调配资源,提供协调机制、规则和知识产权保护方案,以保护和激励创新。第二,平台企业凭借强大的数据和技术优势,可以成为知识产权治理的重要新型主体。

经过反复讨论,淘天集团知识产权投诉处理团队最终达成共识,决定借鉴枫桥经验,开始接手平台知识产权纠纷线下调解的工作,并任命团队成员蒋倩倩为平台知识产权线下调解机制负责人。

从那时起,胡海娇、蒋倩倩和整个淘天集团知识产权投诉处理团队逐步开始在商家和投诉权利人之间建立联系,阐明利害关系,协助他们沟通,以平台调解的方式助力知识产权纠纷化解。

(二)强强联合:浙江(杭州)知识产权诉调中心加入

从 2019 年到 2023 年上半年,胡海娇和蒋倩倩及其带领的知识产权投诉处理团队将平台知识产权线下调解机制运行了近 4 年的时间,帮助大量商家和权利人解决了知识产权纠纷,取得了良好效果,积累了丰富经验,但经过长期摸索,她们发现当时的平台调解模式存在几个明显不足。

第一,调解团队的专业性问题。淘天集团知识产权投诉处理团队成员并非专业调解员,在专利、商标、著作权等领域的知识背景不足,面对一些疑难复杂的场景时,也很难判断是否存在侵权,以及商家是否尽到了合理注意义务。

第二,调解机构的中立性问题。淘天集团知识产权投诉处理团队虽然是知识产权纠纷之外的第三方,但毕竟和平台上的商家存在关联,如果是平台以外的权利人投诉平台内商家侵权,可能会对平台调解的中立性存在质疑。

第三,调解机构的背景属性问题。淘天集团知识产权投诉处理团队本质上归属于商业企业,而诉讼和调解这种具备一定公益属性的事务往往是由政府承担,平台调解的公正性和可信度时常会受到质疑。

第四,调解机制的运作方式问题。现有的平台知识产权调解机制依然是在线下运作,需知识产权投诉处理团队成员通过电话联系权利人,以电话沟通的方式进行调解,流程的数字化水平和效率存在明显不足。

为了解决这些问题,胡海娇和蒋倩倩考虑寻找一家政府背景的专业调解机构和淘天集团合作,共同处理电商平台的知识产权纠纷,并搭建平台在线调解机制。经过多方咨询了解,2023 年 4 月,她们在浙江省知识产权局的帮助下,联系到浙江(杭州)知识产权诉调中心(以下简称诉调中心)。诉调中心是由杭州市市场监督管理局(知识产权局)与杭州市中级人民法院于 2019 年共建的调解机构,有着专业的调解能力,是独立的第三方知识产权纠纷调解平台。

2023 年 5 月,胡海娇和蒋倩倩拜访诉调中心,开诚布公地介绍了淘天集团自 2019 年以来的平台调解经验和当下面临的专业性、公正性、中立性问题,并真诚表达了合作意愿,希望和诉调中心共建电子商务平台知识产权纠纷调解机制。

诉调中心也正好考虑和像淘天集团这样的市场机构建立合作,以帮助更多市场主体解决知识产权纠纷,加速自身的市场化进程,探索和实践市场化运营模式。中心负责人真诚地对胡海娇和蒋倩倩说:"自 2019 年挂牌成立以来,我们的服务范围逐渐扩大,市场化进程逐渐加快,调解案件数量逐渐上升。但与此同时,也面临一些瓶颈,其中最明显的是服务范围的局限性。2019—2022 年,我们一直服务于市场监管局和法院,作用范围仅限于行政和司法这两条线,没有充分发挥我们的调解能力。因此,在 2023 年,我们的一项重点工作就是探索模式创新,希望能服务于行政和司法以外的调解需求。你们的建议非常好,这正是我们需要的!"

一番讨论下来，淘天集团和诉调中心惊喜地发现双方目标一致、一拍即合，很快便达成了合作共建电子商务平台知识产权纠纷调解机制的初步意向。1个月内，双方敲定了合作细节。

拓展阅读

知识产权的多元共治体系

根据治理主体的不同，知识产权治理可分为政府治理、市场治理和社会治理（如图7-1所示）。由于治理主体的角色定位和利益诉求不同，三者的治理目标存在差异，各有侧重，各具优势。

图7-1　知识产权的多元共治体系

政府治理以政府为主导，以知识产权法律政策为工具，是电子商务平台知识产权治理的基石和最终参照物，更加侧重公平，是实现电子商务平台知识产权治理制度化、法治化的重要保障。但同时，政府治理的法律法规制定过程漫长，可能会滞后于数字经济的高速发展，难以快速适应新兴需求，且其运作成本往往较高。

市场治理主要由平台企业这一重要的市场参与者主导，平台企业利用技术和商业合同解决知识产权纠纷，实现对知识产权的保护，维护平台使用者的合法权益。市场治理更加注重效率，是实现治理高效化的重要途径。在市场治理体系下进行平台知识产权自治，能在短时间内对侵权产品进行处理，不论是时效性还是成本都更具优势。

> 社会治理则强调公众参与,其主要目标是通过构建政府、企业、社会组织与公众参与的多元主体共治体系,推动治理的民主化发展。
>
> 由于单一的治理难以兼顾电子商务平台知识产权治理中的效率与公平目标,解决电子商务场景中的知识产权问题往往需要发挥多种治理的力量,开展政府、市场和社会多元共治,从而推动电子商务平台知识产权纠纷的高效妥善解决。

（三）模式创新:线上调解,实现纠纷的网内化解

为了能让更多商家和权利人方便快捷地通过平台调解机制解决纠纷,也为更好地响应国家知识产权局和司法部 2021 年联合印发的《关于加强知识产权纠纷调解工作的意见》中"支持电商平台优化在线咨询、受理、调解等制度,在线化解矛盾纠纷"[①]的号召,胡海娇和蒋倩倩在诉调中心的支持下带领团队将过去 4 年以来在线下运行的平台知识产权调解机制迁移到线上,在淘天集团知识产权保护平台上开设专门的调解通道,优化知识产权纠纷解决路径。

2023 年 7 月,阿里巴巴线上知识产权纠纷调解机制正式上线,这一全新的在线调解机制系平台在诉调中心的支持下为快速、高效地解决知识产权纠纷,针对争议双方均有调解意向的案件提供的多元化纠纷解决方式之一。其调解受理范围包括:商标权侵权纠纷、专利权(发明专利、实用新型专利、外观设计专利)侵权纠纷、著作权侵权纠纷。

在这一调解机制中,阿里巴巴平台和诉调中心分工明确。平

---

① 参见:《国家知识产权局 司法部关于印发〈关于加强知识产权纠纷调解工作的意见〉的通知》(https://www.gov.cn/zhengce/zhengceku/2021-10/29/content_5647702.htm)。

台在处理纠纷时担任信息桥梁和管理者的角色,具体职责包括:设立专用入口接收商家申请,将申请转交给诉调中心深入评估和实际调解,提供详尽的答疑资料供商家随时查阅,并由客服解答商家疑问。诉调中心则发挥自己作为具有政府背景的中立知识产权调解机构的职能,选派专业的调解员为纠纷双方提供专门的调解服务。二者优势互补,共同支撑起这一全新的电子商务平台在线调解机制。

作为知识产权在线调解机制,阿里巴巴线上知识产权纠纷调解机制相较于传统线下调解机制更加便捷和灵活(如表 7-3 所示)。传统线下调解机制一方面,需要商家和权利人取得联系,以询问其调解意愿;另一方面,大多需要双方当事人线下见面进行调解。而商家因电子商务平台知识产权投诉的隐私保护,并不知道权利人的信息和联系方式;同时,电子商务领域涉及的纠纷双方往往在现实中相隔千里,并不具备线下调解条件,这使得其无法使用传统线下调解机制解决纠纷。

知识产权在线调解机制则可以在保护权利人隐私信息的前提下,由平台或第三方诉调中心来联系权利人,被投诉商家可以在平台端一键选择"找投诉方调解",就可以开始申请调解这一流程。所有的流程都是在线上完成的,节省当事人的时间精力和沟通成本,可实施性更强。此外,如果商家有申诉材料,也可以同时进行申诉和调解。因为调解流程和申诉流程各自独立运行,互不影响,即使申请了调解,申诉流程还是正常进行,这使得商家可以同时使用多种方案更加高效快速地化解纠纷。

表7-3　阿里巴巴线上知识产权纠纷调解机制和传统线下调解机制

调解机制	构建者	适用场景	成本	时效性	便捷性
阿里巴巴线上知识产权纠纷调解机制	平台企业和政府共同构建	电子商务的互联网场景	试运行阶段免费；正式运营期间，调解成功时为800元/件，调解失败时，仅向申请人收取基础服务费20元①，成本较低	调解申请提交后，调解员将在1—3个工作日内受理并介入沟通，最终调解完成时间视双方调解意愿和调解过程而定，一般不超过15个工作日，时效性较高	商家可以在平台端一键申请调解，便捷性较高
传统线下调解机制	一般为单方构建	一般为线下场景	成本相对较高，一般为300—2000元不等	一般调解时间为60天左右，时效性相对较低	便捷性相对较低

相比于诉讼、仲裁等，阿里巴巴线上知识产权纠纷调解机制具有灵活便捷、低成本、高时效的显著特征。

阿里巴巴线上知识产权纠纷调解机制优势得以构建的主要原因，是平台数字赋能。第一，平台以数字技术手段改变了知识产权调解机制的运作方式。传统知识产权纠纷调解机制如诉讼调解、人民调解、行政调解等往往和纠纷双方的业务场景分离，在业务之外进行调解。而电商平台用数字技术构建的平台在线调解机制能够直接关联到销售平台，直接在业务场景内进行调解，因此可以做到在1—3个工作日内受理并介入沟通，在15个工作日内完成调解，处理速度快，响应及时。并且，平台还能借助数字技术，通过算法升级提升识别能力，采用暗水印技术、OCR识别技术、账号行为特征识别等先进手段来完善其知识产权保护机制。

第二，平台以数字技术手段将政府知识产权纠纷调解力量融入电商平台。传统调解机制往往以单个机构的力量为依托，而阿里巴巴线

---

① 参见阿里巴巴知识产权调解机制（https://qinquan.taobao.com/mediationPortal.htm♯/mediationPortal）。

上知识产权纠纷调解机制依托平台优势,将淘天集团知识产权保护平台和浙江(杭州)知识产权诉调中心连接起来,商家在申请调解之后可以直接对接到诉调中心的调解员,调解员在调解过程中可以在平台内完成取证、结果处理等操作,大幅提升了调解员的判断能力和效率,充分发挥了数字平台的资源整合能力。

三、纠纷化解:赋能中小企业解决争议,实现多方共赢

(一)完美收官:保护创新成果,实现双方共赢

阿里巴巴线上知识产权纠纷调解机制兼顾效率与公平目标,有助于实现多方主体共赢局面。

刘雨萱和戴晴晴两位商家在考虑之后,选择求助于阿里巴巴平台,在平台商家中心提交了申诉请求:"我们希望和权利人进行调解,请求平台帮助我们联系权利人,协助我们进行调解。"看到这一请求之后,胡海娇和蒋倩倩第一时间联系了她们,建议其直接在投诉通知端口申请调解。

抱着尝试的心态,刘雨萱填写了调解申请,调解诉求为:"希望保留商品链接,愿意购买授权或进行侵权赔偿,请调解员帮忙与投诉方协商撤销投诉。"这个调解案分配给了诉调中心资深调解员陈静。

接到本案后,陈静首先在调解平台对投诉快照和申请人提交的证据材料进行比对,确认商家刘雨萱侵权可能性较大。在此基础上,她迅速与刘雨萱沟通,深入了解其需求。得知刘雨萱意向在于获取正式授权,以便继续合法销售该商品,陈静向刘雨萱详细阐释了相关法律法规,并针对此案进行了深入的法律解析,使刘雨萱充分认识到所面临法律风险的同时,也同意承担调解费用,为推动调解进程扫清障碍。

其后,陈静主动接洽权利人,转达了刘雨萱的合作意愿。然而,鉴于商家规模与级别等因素,权利人出于保护品牌的考虑,拒绝提供授

权。面对此情况,陈静进一步调查了刘雨萱的店铺背景,了解到这是一家运营接近 2 年的成熟店铺,遂提议刘雨萱立即下架侵犯版权的图片,承诺未来不再违规销售,从而可以保留马面裙商品链接,以最大限度地减少不良影响。同时,陈静向权利人建议,长期的投诉对抗并非最佳策略,建议通过让刘雨萱出具保证书的方式作为撤销投诉的前提,确保其不再重蹈覆辙,这将为双方未来可能的合作铺平道路。这一兼顾双方利益的解决方案,最终赢得双方的一致赞同。陈静严谨地协助双方审核并确认保证书内容,促成了文件的顺利签署,从而圆满解决了此次纠纷。

同样地,戴晴晴也采纳了知识产权投诉处理团队的建议,决定通过在线调解解决问题。她在调解平台上提出了与刘雨萱相似的请求:"希望保留商品链接,愿意购买授权或支付侵权赔偿,请调解员帮忙与投诉方协商撤销投诉。"

戴晴晴的调解案也被陈静接手。接到案件后,陈静第一时间在调解平台仔细比对了投诉内容与戴晴晴提交的各项证据,发现尽管戴晴晴店铺中的商品与涉及的专利在设计细节上有所差异,但在整体外形轮廓上高度相似,这无疑增加了侵权的可能性。随即,陈静主动联系戴晴晴,了解其具体愿望。戴晴晴表达了希望直接从权利人处获得授权,以建立合作关系的意向。接着,陈静与权利人进行沟通,转达了戴晴晴的合作意愿。

起初,权利人立场坚定,要求戴晴晴下架商品并删除链接。面对这一僵局,陈静凭借耐心和专业的沟通技巧,多次与权利人进行深入交流,最终说服权利人同意给予戴晴晴授权。在此基础上,陈静协助双方完成了授权协议的拟定,特别强调戴晴晴店铺将成为权利人指定的正规销售渠道。同时,她不忘对戴晴晴进行知识产权法律教育。经过一系列细致周到的工作,权利人最终撤诉,戴晴晴的川剧变脸手办商品链接得以顺利恢复,双方不仅化解了矛盾,还建立了有益的合作关系,调解圆满成功。

(二)综合效益:柔性化解纠纷,减轻司法负担

淘天集团和诉调中心强强联合,共同构建阿里巴巴线上知识产权纠纷调解机制,使得知识产权的政府治理和市场治理相结合,实现了电商平台知识产权的多元共治。

淘天集团作为平台方,具备技术、信息和组织灵活性等优势,诉调中心作为具有政府背景的专业知识产权调解机构,具备合法性、公正性、专业性的优势。二者合作构建的在线调解机制使双方优势得以同时发挥,最终带来多主体共赢局面(如图7-2所示)。

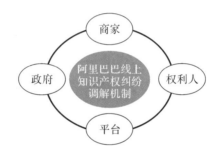

图7-2　阿里巴巴线上知识产权纠纷调解机制实现多主体共赢

对政府而言,调解机制的成功运行使得大量知识产权纠纷在平台内得到化解,避免其流入司法和行政系统,有助于减轻司法和行政部门的负担,提升资源利用效率。电子商务领域的知识产权侵权呈现数量众多,隐蔽性强,群体性、重复性侵权多发,恶意投诉问题突出等特点,这给有限的行政资源和司法资源增加了巨大的负担。

对平台而言,这一机制的运行可以改善平台知识产权保护环境,有助于实现平台的可持续发展。电商平台知识产权侵权不仅侵害权利人合法权益和消费者正当权益,电商平台可能也会承担相应的法律责任,给电商平台带来潜在损失风险。此外,如果仅仅因为平台商家的无意识侵权就简单下架其产品,不给商家整改机会,也会造成商家

迁移,影响平台收益。知识产权纠纷在平台上公正、快速地解决有助于优化平台的创新环境与营商环境,推动电商平台的健康有序发展,实现平台各方收益的帕累托改进。

对权利人而言,平台在线知识产权纠纷调解机制使其能够在调解员的帮助下快速制止侵权行为,甚至还可能完成授权,释放权利的经济价值。在现行的"通知—删除—反通知"规则体系下,虽然权利人可以要求快速下架侵权商品,但仍可能面临重复性侵权的问题,且若权利人想进一步利用传统司法诉讼手段应对侵权问题时,可能会面临维权周期长、流程复杂、成本较高等问题,权利人的利益仍无法得到有效保障。平台在线知识产权纠纷调解机制能够起到连接权利人与商家的作用,通过非诉讼途径权衡双方利益,帮助双方实现纠纷的高效、柔性化解。比如:调解员不但对刘雨萱进行了普法教育,还通过使其出具保证书的方式避免了重复性侵权的发生;在戴晴晴的调解案中,权利人不仅在调解员的帮助下和商家化解了矛盾,还进一步建立了合作关系,释放了知识产权的经济价值。

对商家而言,平台在线知识产权纠纷调解机制可以帮助商家快速化解纠纷,保护经营成果。在接到权利人的投诉通知后,电商平台一般的做法是删除商品链接。对于中小商家来说,一款主打商品链接的删除将会对商家造成巨大的损失,店铺数月乃至数年经营成果有可能毁于一旦。而平台在线知识产权纠纷调解机制为商家与权利人开启了沟通的通道,通过在线调解,在权衡双方利益的基础上柔性化解纠纷,将双方损失降到最低。如刘雨萱与戴晴晴均得到权利人的认可,保留了商品链接,将其侵权行为给自身经营带来的负面影响降到了最低。

平台在线知识产权纠纷调解机制不仅体现了平台对商家运营成本的考虑,同时也为权利人提供了更多选择,实现了平台各方参与者利益的共赢,优化了平台知识产权保护环境,维持了整个平台生态的良性发展。

这一机制也得到诉调中心的充分肯定，其在《2023 淘天集团知识产权保护年度报告》里评价道，淘天集团在面对日益复杂的电商平台知识产权纠纷问题时，不断地积极实践和创新探索。阿里巴巴线上知识产权纠纷调解机制是政企协同共创的社会治理互联网新模式，精准响应了电子商务领域的独特需求，有助于复杂类型侵权纠纷的快速解决。线上调解系统的推行不仅极大地提高了处理效率，还减少了当事人的时间成本和经济负担，有力推动了纠纷的妥善化解。①

自 2023 年 7 月阿里巴巴线上知识产权纠纷调解机制正式启动以来，调解申请数量持续上升，在上线的半年时间里，线上调解申请总量已接近 2000 例，大大减轻了当地政府部门的行政压力。这一机制的成功运作不仅有力推动了商家经营环境的良性改善，还意味着大量潜在的司法案件在电商平台内部就被有效化解，显著减轻了司法体系的负担，提高了行政司法资源的配置效率。

由于淘天集团所建立的线上知识产权纠纷调解机制运作时间仍较短，效果能否一直保持，未来又将面临何种挑战仍是未知。但这一机制是对多元知识产权纠纷解决路径的积极探索，是全新的政企知识产权治理合作模式。

谈及下一阶段发展规划，胡海娇和蒋倩倩满怀信心地说："我们将持续拓展应用场景，使权利人和商家在更多情境下可以选择调解机制，同时进一步拓宽合作边界，积极引入更多具备专业调解资质的合作伙伴，共同推进知识产权纠纷多元解决机制。为权利人、商家做好服务，实现多方共赢，我们一直在路上！"

---

① 参见：《2023 淘天集团知识产权保护年度报告》(https://ipp.taobao.com/home.htm♯/home)。

第八章　汇明提花:网络化创新之路①

近年来,我国纺织品企业正处于由大变强、由规模化生产向创意整合转型的关键时期,企业之间的竞争焦点正转向品牌和设计的竞争。在这样的情境下,纺织品企业的新产品开发能力就变得至关重要。然而,多数中小企业创新资源匮乏。如何破解新产品开发上的困境,从而获得新一轮的竞争优势,成为纺织品企业转型升级的关键。本章描述了浙江汇明提花织造股份有限公司(简称汇明提花)新产品开发存在的困境,以及其通过网络化创新的战略转型提高创新能力的过程。这对广大中小企业走以网络化创新引领转型升级的发展道路有一定的参考和借鉴意义。

纺织品行业一直是中国的传统产业和支柱性产业,长期以来在创造就业机会、出口创汇、繁荣市场、提高城镇化水平、带动相关产业发展等方面发挥了重要作用。新中国成立后,由于国家的高度重视和政策上的大力扶持,纺织技术和产能都得到大幅发展。2015年以后,我国纺织品行业的总体量已经占据世界55%。随着改革开放的深

---

① 本章作者为吴东、于娟。

入，中国凭借劳动力、原材料以及政策优势，已经发展成为世界纺织品大国。中国的纺织品行业已经发展得比较完善，涵盖原材料、织造、染色、后加工、创意设计等多个环节，但仍然聚集在产业价值链的低端环节，以规模制造为主要特点，产品附加值较低，产品同质化竞争严重。特别是2008年全球经济危机之后，世界经济进入缓慢发展阶段，欧洲经济不景气，美国失业率居高不下，全球经济复苏趋势不容乐观。2013—2017年，中国纺织品服装进出口额呈现增速连年下降的态势。

随着国内经济增长和城镇化发展，劳动力成本不断攀升；原油、煤炭等不可再生资源越来越难以满足日益增长的生产生活需求，原材料成本上涨；环境压力变大；东南亚国家的制造业崛起……加之人民币升值等因素，中国纺织品制造的低成本优势正逐步丧失。而欧美、日本等发达国家和地区依靠技术优势，依然在高端纺织品领域拥有较大份额。低成本战略显然难以让国内的纺织品企业继续保持竞争优势，中国纺织品企业需要不断提高自身技术水平、创意设计以及品牌运作的能力，提高产品附加值，才有可能在国际市场上继续保持竞争力。纺织品行业迫切需要从劳动密集型产业向技术资金密集型产业转变。

反观国内市场，随着国内经济持续保持平稳增长，经济结构不断深化调整，内需对经济增长的作用增强，消费已经成为经济增长的主要驱动力。居民可支配收入不断上涨，消费者愿意花在服装上的钱越来越多。这对纺织品行业的产品创新、设计创新提出了更高要求。但是，国内纺织品行业的现状却是，低端产能过剩的同时中高端产品供给不足。因此，产业升级已成定势，产业内部开始纵向和横向整合，产品策略向后端延伸，这也对企业的创新能力提出了更高要求。开发原创技术，打造自主品牌，持续升级产业，保持产品多样化，是传统纺织品企业唯一的出路。

在这样的背景下，新产品开发工作变得至关重要，如何开展科学先进的新产品开发管理被传统企业提上日程。尽管国内众多纺织品企业在长期的国际代工过程中积累了雄厚的生产制造能力,但新产品开发和自主研发的能力还非常弱。尽管已经有一部分先行企业走向自主研发道路,从品牌的 OEM 升级为 ODM,但大多数企业的新产品开发还仅仅停留在仿制和改进的阶段,没有成熟的研发体系,也没有明确的新产品战略,新产品开发的效率和商业化率低下。甚至有一些企业,投入了巨大的新产品开发费用,但是研发能力并没有得到有效提高。

一方面,个性化消费的需求升级;另一方面,全球经济疲软,消费者购买行为越来越理性,国内外贸易形势也越来越动荡,纺织品行业早已不再是"一招鲜吃遍天下"的时代,而是转变为多元综合实力的竞争。企业必须完善和优化自身的研发体系,有计划地进行研发投入,从科技创新、产品创新、设计创新、服务创新等方面着力提高品牌和产品对市场的适应性,积极从时尚美学、服用性能①、生态环保等方面满足消费新需求,才能获得市场竞争优势。

在这样的大背景下,汇明提花也面临着寻找新发展路径的挑战。汇明提花是一家经营纺织品提花面料生产、研发和销售的中小企业,至今已经有 20 多年的历史,由现任 CEO 钱道敏父亲创办的家族企业转制而来。1996 年,创办伊始,它还只是一个仅仅拥有十几台机器的小型民办织造厂,但创始人钱老先生从一开始就将它定位为高端 OEM。将主营产品选择为当时国内还没有工厂能够生产的意大利机织大提花产品。大提花面料是众多纺织面料中,织造工艺最复杂、对原材料和后整技术要求最高的一类面料,一直以来被业内誉为"纺织品里的贵族产品"。在经历了无数次的织造工艺改进和机器改造后,创始团队终于将一块从欧洲采集的样品试制成功,填补了当时国内生

---

① 服用性能,即产品(特别是服装类产品)适合穿着和使用的性能。

产现代提花面料的空白。凭着精准的定位、专注的态度、精湛的织造工艺,汇明提花在创立之初就得以迅速发展。

2001年,汇明提花积极开拓海外市场,转型为出口贸易型工厂。产品系列也不断扩充,但始终坚持在提花这个细小的纺织品分类里,并且产品已经涵盖多种原材料组合以及多种特殊织造工艺,其生产的产品以服装面料用途为主,现已发展成为国内品种最全、产品更新速度最快的提花时装面料公司之一。

经过20多年发展,汇明提花已具备原材料采购、织造、印染、后处理、研发、营销的全产链管理能力。凭着对自有工厂、20多家织造厂、10多家染整供应商的管理,汇明提花的月生产能力实现近80万米,不仅积累了丰富的生产经验,还积累了多年的面料研发以及与国际品牌合作的经验。2007年,汇明提花与国际品牌H&M、Talbots、Chico's等展开合作,并被H&M认证为银级供应商和最重要的提花面料供应商。

在与国内外品牌合作中,汇明提花已经成长为国际品牌的ODM。每年的面料研发分为两个大季,分别为6—8月和12月—次年2月,通常需要比服装上架提前1年半预判面料使用趋势,比如2018年6—8月的面料研发工作就是为2019年秋冬上市的服装做准备。

后来,汇明提花经过又一次的业务升级,拓展国内市场,为国内服装客户全方位提供柔性供应链管理,以小批量、多款式、快交货的反应机制,实现国际化标准的合作管理。同时,与国内外多家著名高等设计院校达成战略合作,联合建立研发中心,通过与品牌客户的协同研发,更好地把握和理解潮流,提高研发效率,进而满足当今服装市场个性化、快反应的需求,致力于成长为全国乃至全球领先的提花面料生产商。

一、一次关键性谈判

2017 年 7 月，杭城一间闷热阴暗的会客厅里，坐着两男两女四位来自汇明提花的商务人士。对方公司的招待人员刚把空调打开，整个房间还笼罩在热气之下。他们急切地等待合作伙伴的到来，偶有轻声交谈。很快，皮肤就微微湿润，渗出一些细小的汗滴。虽然会客厅的房门紧闭，但还是能听到外面传来的隆隆的织机声，更是给人平添了几分闷热的感觉。这不是一间单纯的会客厅，除了正中央的一张会议桌，环墙布置有一些半人高的样品架，挂满了花花绿绿的面料样卡。这些样卡长短不一，挂得也有几分凌乱，挂钩上有一层薄薄的灰尘。他们边交谈边起身来看这些样品，时而揉搓，时而端详细看，仔细研究面料纹路。

两位男士和其中的一位女士，看起来 30 多岁的样子，衣着干练清爽。另外一位女士则显得年长一些，面目清秀，举止优雅，穿着时尚得体，留着干练的短发，栗黄色的头发中夹杂了一些银发。那几丝银发不但没有让她显老，反而把她的脸庞衬托得更加精致，眼神刻画得更加坚毅。她就是汇明提花现任 CEO 钱道敏，公司里的人都亲切地叫她钱姐。其他三位是她的左膀右臂，得力干将。其中有两位是毕业于国内一流院校的 MBA，另一位是金融行业的精英人士。这已经不是他们第一次坐在这间会客厅，所以此次也是有备而来，期盼的眼神中流露出淡定和沉着。

会客厅的楼下是一个生产真丝类提花产品的车间，机台虽然有些老旧，但是技术在国内却算得上领先。钱道敏一行这次来，是为了促成和这家工厂的战略合作。汇明提花凭着在提花领域 20 多年的深耕，有着非常强的提花织物组织设计、花型设计以及供应链管理能力，但在真丝产品领域还缺乏经验，其多数产品为化纤、人造丝、棉等材质。关于开拓真丝产品线,钱道敏从起初的犹豫到如今的笃定,经历了反复的思考和市场调研,高管层也多次在战略会议上进行了研讨。钱道敏上次来已经和工厂总经理进行了初步沟通,双方谈得非常愉快。此次前来,钱道敏志在必得,完全没有初次来时的忐忑。她的想法是,通过这次谈判和这家工厂正式达成新产品联合开发意向,并签署备忘录。她希望凭借汇明提花多年来在提花产品领域的深耕以及对方在真丝领域的经验积累,建立联合开发团队来开发新产品,并且依靠汇明提花的销售体系进行市场销售,销售利润由双方共享。

"钱总,不好意思,刚刚……"伴随着洪亮的招呼声,一名戴着眼镜的中年男子,笑着大步走进会客厅,早早伸出手来跟大家一一握手寒暄。他是这家工厂的总经理师强。师强是纺织工程专业科班出身,已经在这家工厂工作了 20 余年,虽然整日泡在工厂,但他身上还是透着浓浓的书生气息,人也谦和,极具亲和力。

"师总,我想接着我们上次沟通的……"钱道敏是个雷厉风行的人,简单明快,她一开口,立即让话题从轻松的寒暄转到正式的谈判。

此时,整个房间的闷热被空调吹出的冷气重重压下来,室温已经降下来了。然而,大家内心合作的热情却随着谈判愈发高涨。这次谈判注定会是汇明提花发展史上浓重的一笔。

二、销售业绩首次下滑

与其他公司达成战略合作,共同研发新产品,是汇明提花面对行业形势和自身实际做出的必然选择。作为发展中国家的中国经过改革开放 40 多年的发展,纺织技术(主要是工艺创新能力)得到迅猛发展,纺织品服装出口总量已跃居世界第一,但是大量产能还是聚集在产业价值链的中低端,产品同质化现象严重,缺乏产品创新和设计创新,产品的附加值较低。

同时,随着国内人口红利逐渐消失及能耗成本提升,以劳动密集型为主的纺织品行业正面临低成本竞争优势的逐步丧失和产业加速向其他发展中国家转移的困境;加之国内经济进入快速工业化阶段,城市化进程加快,消费升级出现。当前,我国纺织品企业正处于由大变强、由规模化生产向创意整合转型的关键时期,企业之间的竞争焦点正转向品牌和设计的竞争。在这样的情境下,纺织品企业对工艺创新的要求下降,产品创新能力变得至关重要。

长期以来,汇明提花的客户群体集中在国外的众多快时尚品牌,以瑞典品牌 H&M 为典型代表,2015 年,H&M 全年的采购额就占到公司整个出口额的 28%。当公司意识到单个客户的销售额比重过高即将成为风险的时候,已经为时过晚。

国内外服装行业环境激变,充满了挑战。消费者变得更加苛刻、挑剔、不可捉摸,原来的服务效率和产品研发模式已经无法满足市场的需求;制造业劳动力成本和原材料价格不断攀升,让企业良性发展的利润率受到威胁;公司的优势本在于国外市场,但对欧美的出口受其经济疲软的影响而止步不前;公司在国内市场的销售情况一般,市场布局也较为薄弱,国外市场的不景气进一步影响到国内的销售增长,这一系列因素导致汇明提花销售业绩整体下滑。公司管理层这才开始认真反思,多年扎根于国际市场,凭借着对国际市场和单个客户需求的深耕而取得的成功,就像温水煮青蛙,已经让公司的产品研发严重落后于国内外服装市场的需求,不足以满足现阶段公司发展的要求。

2016 年,汇明提花销售业绩下滑接近 20%。当钱道敏听到这个数据时,她的心久久不能平静,甚至一度好几天失眠。对她而言,这是一场重大的打击,也意味着她在未来将面对更多的压力。

在 20 多年的企业发展历程中,汇明提花一直在主动淘汰、升级客户和产品,无论是当时做迪拜市场还是后来合作的品牌客户,做的都是高端市场,代表了国内最领先的提花生产水平,没想到如今公司竟也沦落到此般境地。对于钱道敏来说,这一次销售业绩下滑既在意料之中,又在意料之外,比她预计得早了一些,而且剧烈了一些。多年来,她一直亲自抓研发和供应链。每次谈起产品研发,谈起公司每一种开辟国内市场先河的产品,她都如数家珍,滔滔不绝。早在2年前,她就意识到外销市场增长乏力,十分笃定地要开辟国内市场。但是由于刚刚进入国内市场,汇明提花一直没有找到非常清晰的产品战略,没有摸清内销客户的需求,也一直缺乏专业的团队,所以内销业务开展得不温不火。

汇明提花遭遇困难后,钱道敏经常在公司经营会议和产品研发会议中,听到销售部门对产品的抱怨。她虽然内心有不少怒气,不满销售人员以市场倦怠为借口,也曾认为销售团队的开拓精神还不够,但也能保持客观、冷静,不断反思。了解她的人都知道,她是一个很擅长做自我检讨的人,对自己和员工都有着非常高的要求。她做事十分严谨客观,对完善公司流程有着孜孜不倦的追求,并在公司杜绝"差不多"之类的说辞。当听到销售人员的抱怨后,尽管内心十分焦虑,但钱道敏也在理性思考该怎么去改变这一切。

钱道敏非常清楚公司的现状,她心里也明白,销售人员的抱怨听起来也许消极,但也不是全无道理,他们带来的是一线的客户反馈。汇明提花虽然一直有非常好的研发意识,但研发水平依然有待提高,尤其是在产品开发上,还有众多问题亟待解决。

2013—2017年,汇明提花开发产品的数目一直维持在1400—1600款,开发费用占销售额的比重超过10%,但新产品的市场转化率[①]都在10%以下。其中,2015年的市场转化率最高,达到9.8%;

---

① 市场转化率,指在开发成功后前12个月内即产生销售订单的新产品数量和当年总开发数量的比值。

2017 年的市场转化率最低，仅为 6.0％。

从 2016 年开始，汇明提花新开发产品的市场转化率就在逐渐降低。成功实现商业转化的产品数量占比甚至低于 10％，这远远低于行业内领先企业 20％的水平，表明公司在这方面还有非常大的提升空间。2015 年，公司实现 9000 万元的销售额，但之后销售额便急剧下滑。

销售人员所反馈的问题其实非常集中。多年来，公司虽然在织造工艺上颇有建树，多次获得国内外专家认可，其产品被认定为国内乃至世界级领先水平，但是在材质使用上没有太多创新。并且近年来，由于没有很好地捕捉到国内消费者对于天然材质，以及差异化纤维的偏好，公司产品在国内市场的推广显得乏力。同时，受欧美经济疲软的影响，国外消费者购买力下降，公司因为开发费用巨大，运营成本偏高，产品价格相对较高，导致国外客户因价格承担不起而不得不放弃采购或者转单到报价更低的供应商，部分订单流失。

另外一个很显著的因素是，服装面料的需求受时装流行趋势影响明显。近年来，服装流行简约风格，北欧风大行其道，提花产品的需求量处于低位，所以其他小提花产品或者印花产品面临的竞争威胁变得很大。相对于小提花和印花产品，大提花产品的成本更高，遭受替代品的威胁也就更大。很多客户反映汇明提花的新产品流行度不高，与服装趋势相去甚远，色彩也过于暗沉，面料的局限性很强，有些图案过于成熟，与近年来服装品牌追求年轻化和弱化年龄界限的趋势背道而驰。由于公司过分追求面料设计的工艺感，没有在产品设计时考虑到终端使用价值，所以产品的服用性能不高，客户常因开发出来的款式效果不理想而取消下单，譬如一件按照风衣用途开发的面料却无法具有风衣面料应该具备的手感和垂感。

在此危急关头，汇明提花必须分析自身现有优劣势，明确面临外部环境的机会和威胁。根据技术 S 形曲线增长规律，一家企业无论曾经多么辉煌,其增长和技术进步都会达到 S 形曲线的拐点而陷入停滞甚至开始衰败。企业创新过程的动态性理论更凸显出发展中国家中小企业从工艺创新转向产品创新的必然性,以及加大新产品开发力度的必要性。因此,汇明提花进行新产品开发非常必要且必须去做。

拓展阅读

技术创新的动态过程模型

Utterback and Abernathy(1975)提出了技术创新的动态过程模型(U-A 模型),如图 8-1 所示。U-A 模型是生命周期概念在创新研究领域的应用。生命周期模型的假设前提是:产品、技术和产业发展过程中存在着一个可以观察的轨道,这一轨道对应生命现象的诞生、成长和死亡。Utterback and Abernathy(1975)通过对美国汽车产业创新生命周期的研究,发现发达国家的创新轨迹是先进行产品创新,再进行工艺创新。这个过程可以分为三个阶段:流动阶段、转移阶段和专业化阶段。基于技术生命周期模型,以及 Dosi(1982)提出的技术范式与技术轨迹概念,相对于发达国家一次创新的概念,吴晓波(1995)提出了基于发展中国家情境的二次创新概念,即在技术引进的基础上进行的,受囿于已有技术范式,并沿既定技术轨迹而发展的技术创新。一次创新是指主导技术范式和技术轨迹的形成、发展与变革的技术创新。二次创新按技术在引进时所处的生命周期阶段对技术引进及其主导创新模式进行了划分,即在成熟技术的引进基础上发展起来的工艺创新或在新兴或实验室技术的引进基础上发展起来的产品创新。发展中国家的技术创新的动态过程模型(二次创新模型),也即反向 U-A 模型。

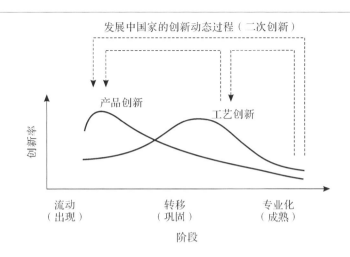

图 8-1　技术创新的动态过程模型

新产品开发理论

对于新产品的定义曾经颇有争议,只有明确什么是新产品,才能相应地制定产品创新的目标,设定其测量绩效。新产品的新是多维度的,一是对于企业来说是新的,二是对于市场来说是新的。Cooper and Edgett(2009)把新产品按照这两个维度划分为六类,如图 8-2 所示。

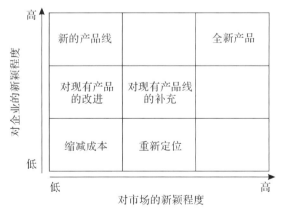

图 8-2　新产品的种类

（1）全新产品，即某类新产品中的首例，并且被首次推向市场。

（2）新的产品线。对企业来说是全新的产品，但有可能该类产品在市场上早就出现过。

（3）对现有产品线的补充。属于企业的新项目，但是基于已有产品体系并且是首次出现在市场上，同时也是基于市场维度的新产品。

（4）对现有产品的改进。通过对企业原有产品的改进而产生的替代品，通常有比旧产品更好的性能或者更高的认知价值。

（5）重新定位型新产品。企业为了进入新的细分市场，对原有产品进行重新定位，本质上是企业对原有产品的新应用。

（6）缩减成本型新产品。很多人会忽略这类产品，因为它是新产品中看起来最不新的一类，开发这类新产品的目的往往是以更低的成本，实现相似的性能来替代现有产品，以更加适应市场的需求。从市场和客户角度看，这不算是一类新产品，毕竟市场上已经存在。但对于研发和设计来讲，它是新的，因为它可能会通过更换原材料，甚至更换设计使其成本降低。

技术 S 形曲线

理查德·福斯特（Richard Foster）提出了 S 形曲线模型，该模型对于分析技术发展的各个阶段十分有效，能够阐明技术发展萌芽期、成长期、成熟期以及衰退期之间的关系。如果以技术性能为纵坐标，在技术进步上所投入的资金和努力为横坐标，则该技术整个生命发展周期将呈现为一条 S 形曲线。实际上，很多技术无法走完整个生命发展周期，因为新技术不断出现，很多旧技术还没有走完整个生命发展周期就被替代了。也就是说，技术进步的过程是由连续的技术变革(沿着由已有技术范式所定义的技术轨迹的进步)和不连续的技术变革(新兴的技术范式)所构成的(Dosi,1982)。因此,S形曲线模型可以解释技术发展的生命周期,也能解释技术创新的成功,以及新技术和旧技术之间的更替。企业在研发新技术时,反映在S形曲线上,就是从一个老的S形曲线向新的S形曲线的跳跃。那些能够保持卓越绩效的企业,往往是能够及时超越当前S形曲线且不断跳跃到新S形曲线的企业(Nunes & Breene,2011)。

三、广建"朋友圈"

汇明提花的困境每天都困扰着钱道敏,她比任何人都了解这一切,都渴望、都急于解决这一切。她一直认为自己是一个很擅长做具体事情,而不擅长战略布局的人,但面对公司困境,她不得不思考:公司究竟应该采取怎样的战略? 如何才能在新一轮的战役中取得胜利? 在她看来,这些现阶段的问题,是过去三五年战略失误的必然结果,要想从根本上解决,必须分析问题产生的根本原因。

公司以往的新产品开发过程中,并没有形成清晰的、惯例化和制度化的产品战略,这给新产品开发决策带来了困难。开发决策随意粗放,人的主观意识强,导致公司内部难以形成统一的决策标准,研发部门以外的部门也难以参与到新产品开发的决策中。这不是钱道敏所期望的,相反,她一直想要改变。

在公司过往的产品开发过程中,还没有形成标准化、流程化的市场调研体系,更没有客户的参与,只是在产品开发前期,有销售部和开发部共同参与的研讨会议,销售人员会分享其在销售过程中从客户、市场、竞争对手处获得的情报,并提出下一季开发的重点需求。从产品概念到生产,都没有客户参与,直到最终上市才会获得客户反馈。在这样的情境下,新产品的开发更像是闭门造车,整个开发过程缺乏服装设计师的参与,所以缺乏面料终制品思维,没有从面料的最终用途出发,开发出的新产品也缺乏对历史销售数据的分析,没有产品周期管理,对于一些爆款产品没有根据流行趋势及时改进或者淘汰。2015年以后,新产品市场转化率低于10%,远远低于行业内领先企业20%的水平。销售人员在销售受阻时,开始抱怨公司的新产品开发能力薄弱,开发出的产品无法适应市场的需求。而开发部却觉得销售部不尊重自己的研发成果,以不适合市场作为销售受阻的借口。长此以往,销售人员对于公司新产品的信息掌握程度和信任度逐渐下降。

面料的产品价值链,从原材料纱线到织造,再到印染后整,公司的技术优势主要集中在织造环节。生产模式主要为:采购原材料,在自有工厂和外协工厂完成织造,再将面料交予印染供应商进行印染等后加工工序,获得最终成品。其中,原材料加工和印染环节都是面料生产与研发过程中的核心环节,在原材料加工和印染技术上的不足会制约其研发能力进一步提高。近年来,随着国际市场上纺织品行业竞争加剧,以及消费者需求多元化,对于改性纤维以及功能性的后整理需求越来越旺盛。行业内甚至有种说法:一块完美的面料应该具有棉的透气性、丝绸一样的手感、羊毛一样的保暖保湿性能,像涤纶一样抗皱易打理,像亚麻一样挺括。多种原材料混纺或者交织的产品越来越多,功能性的后整理技术越来越发达。但汇明提花的产品还是以涤纶和涤棉交织为主,面料的舒适性欠佳,不符合当下的消费趋势。

汇明提花需要尽快弥补技术上的劣势,补充多种原材料的产品系列,充分发挥其在织物组织设计上的优势,才能实现持续的产品创新。在以往的新产品开发过程中,汇明提花的模式几乎是闭门造车。一是缺乏外部情报,包含市场信息、竞争对手信息、行业上下游信息等;二是缺乏跟供应商和客户在产品开发阶段的互动。即使有和供应商以及客户互动甚至联合研发的意愿,也缺乏相应的机制来支撑,很难与对方达成信任,开展合作。

在组织架构方面,汇明提花采用的是职能型组织架构,难以实现跨部门的合作。销售人员对新产品开发有极高的参与热情,但苦于公司没有相应的组织架构作为支持,因而不能第一时间得到产品开发的进度信息,无法很好地参与其中。销售人员因为享有产品销售提成,所以有足够的动力关注产品设计的整体效率和市场转化率,并且因为长期和客户接触,对于终端市场的需求有更高的敏感度。而开发人员的薪酬结构比较单一,为固定工资加年终奖金,但是年终奖金没有和产品的市场表现挂钩,而是CEO根据对开发人员个人贡献的主观评价和公司整体赢利情况进行发放。公司的开发组织架构没有调动各部门人员的积极性,没有形成良好的组织创新文化。若要改变这一现状,加强跨部门合作,首先要建立新的组织架构。

对于汇明提花在新产品开发上的短暂性落后,钱道敏并不甘心,这反而激发了她的斗志。多年来,公司积累了织造设计优势以及在提花产品供应链管理上的优势,如果能迅速弥补其在原材料、后整理上的劣势,那么公司依然可以保持在中高端提花面料领域的领先地位。

最初,汇明提花高管在决定了高端线的发展方向后,发扬刻苦钻研、自力更生的精神,但几次开发失败给他们浇了桶冷水。于是,他们开始重新思考:汇明提花能获得如今在提花产品上的经验,也是经历了一次次失败,交了不止一次"学费"。其他公司也是如此。同时,如果公司想在短期内获得优势,依靠自己,必然不行。那么,在这个网络化发展的时代,为什么不去嫁接成熟的资源和经验,向其他优秀者学习呢?

也就是说,资源、技术和市场能力较为薄弱的中小企业可能一开始并没有能力自主进行新产品开发,但完全可以通过网络化创新的过程来开展创新。比如同原材料供应商、设计公司、同行企业、高校等共同开发新产品,就能有效突破自身能力不足的瓶颈。需要强调的是,并不是与所有的合作伙伴都可以开展合作创新,这里涉及对第五代创新过程模型的理解,合作伙伴之间必须存在互补性,以及采取合适的治理结构和组织形式才能促进创新的成功。中小型企业在创新过程中,与大型企业相比,尽管享有多项行为优势,如对外来威胁和机会做出迅速反应,执行力强,领导者具备远见卓识,内部沟通效率高;但也不可避免地有一些实质性的缺点,如无法将风险分散到一系列新产品上,新品市场启动困难,长期研发或者基础技术研发资金存在问题,与外部专门的技术、知识和资源合作对象建立联系时可能地位不对等。因此,中小企业的新产品开发战略应适应中小企业的具体需要,以市场为导向。除了以技术战略引导横向的内外部技术积累和相互补充外,中小企业应更加注重促进垂直"供应商—制造商—客户"联系,并在从研究到产品开发的整个创新链上提供支持,形成纵横交织的网络化创新。

拓展阅读

五代创新过程模型

企业的技术创新过程包含一系列的活动,从新构想的产生、研究开发、技术管理与组织、工程的设计制造,一直到用户参与和市场销售。这是企业提高技术产品附加值和加强企业竞争优势的过程。这些活动相互关联,有时甚至要循环交叉或者并行。企业的技术创新过程不仅伴随着技术变化,还包含组织、制度、管理以及营销的创新。20世纪60年代以来,国际上出现了五代具有代表性的企业技术创新过程模型。

Rothwell(1994)将 20 世纪 50 年代以来企业技术创新过程模型归纳为技术推动型、市场拉动型、耦合型、整合型和集成型五代模型,并认为前两代模型是第三代模型的特殊形式。后三代模型均以互动为主导。

第一代创新过程模型:技术推动型,以企业的新发明或者新发现来推动技术创新。20 世纪 50 年代至 70 年代末,这一模型曾经主导了科学和工业政策数十年,人们努力将研究成果应用到市场领域。无线通信、计算机等技术就是通过技术发明来推动的创新。

第二代创新过程模型:市场拉动型。发明者发现了客观存在的社会需求,进而通过研究和创新活动的开展满足社会需求。该模型强调在创新过程中市场的作用,但依然是线性的。

第三代创新过程模型:耦合模型(已经考虑到创新的实现)。在创新实现过程中,组织中的一些重要部门,如研发部、生产部和销售部的知识共同耦合才实现了创新。信息的流动已经不再是线性的。

第四代创新过程模型:一体化创新模型,也叫整合模型,源于 20 世纪 80 年代对日本汽车行业领先企业创新实践的研究。主要特征是一体化和并行运作,采用的是扁平的组织架构。供应商的参与提前到开发的先导极端[①],与领先用户密切联系,形成同行企业间的横向联盟,上下游企业、企业内部不同部门之间的沟通更加及时,组织内外部不同的知识进行融合,加强了相互支持与协作,进而提高了开发的成功率和效率。

---

① 　先导极端,指在某个开发或创新过程中,最早开始、最为前沿或最具引领作用的阶段或环节。

第五代创新过程模型：系统集成及网络模型，如图8-3所示。它是一体化模型的进一步发展，强调企业内部与外部更密切的战略联系，并且这些联系与企业创新成功密切相关，使得组织可以获得更多的信息和知识，从而能促进创新成功。第五代创新模型不仅强调企业内部不同部门之间的协作和并行，还强调企业与供应商、客户、同行甚至竞争对手以及其他合作伙伴之间的战略联盟关系（Rothwell，1991）。企业不仅拥有自身的创新优势，还通过和不同组织之间的战略联盟，加强协作和外包，实现优势互补，共享组织经验，促进组织知识积累。因此，创新是具有最广泛知识来源和多机构联结的过程。这种网络模型促使多赢局面产生。

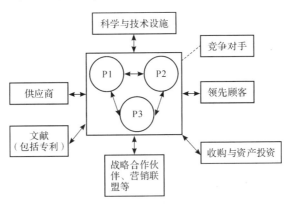

图 8-3　系统集成及网络创新模型

基于第五代的系统集成及网络创新模型，汇明提花不光可以和其他面料公司合作，客户、供应商，以及所有能提供异质性资源和组织经验的组织，都可以成为其合作对象。想清楚了这一点后，钱道敏立即行动起来，召集所有中高层及业务骨干开会。在会上，她做了动员，要求每个人都要发挥作用，动用一切可以动用的力量，和行业中的每一个品类做得优秀的企业展开各种形式的战略合作。她明确指出，公司要充分保障对方的利益,谋求共同发展,必要的时候,她亲自去谈判。很快,公司就开始系统地、多方位地整合外部网络资源,展开了各项创新战略合作。

(一)与原材料供应商建立新产品开发联盟

汇明提花在原材料使用上存在劣势,与其在研发过程中缺乏原材料供应商的参与有很大关系。在产品概念阶段,缺少供应商的参与,没有原材料市场趋势的搜集,进而导致原材料使用落后。

与此同时,随着市场竞争加剧和纺织技术发展,一些优秀的原材料企业,已经充分具备研发意识,并且拥有相对健全的开发体系。由于产品品类的特点,公司所用到的原材料数量少,但是品类多,以往对于供应商的选择策略,往往注重服务意识和配合力度。但有些企业规模相对较小,研发能力薄弱。通过协会资源的嫁接,公司有幸接触到华孚时尚股份有限公司(以下简称华孚时尚)等几家优秀的原材料供应商。和面料企业相同,它们每年分春夏和秋冬两个研发大季,会提前研判流行趋势。华孚时尚采用先导式销售,将其研发的原材料织成面料,甚至是做成服装,推荐给服装公司,然后服装公司会将其指定为原材料供应商。这种类型的企业研发能力强,可以通过与其形成联盟,双方共同参与彼此的开发,也能让双方的创新能力分别得到提高。汇明提花提供面料的设计和生产,为原材料企业提供可供销售展示的成品,同时也能获得最领先的原材料资源,双方实现优势互补。另外,这些原材料企业往往有自己成熟的销售渠道,客户多为服装品牌客户,双方的联盟还可以实现一定的渠道共享和利益分享。

(二)与花型设计公司形成新产品开发联盟

提花面料的设计研发过程中,花型设计是很重要的一个环节。汇明提花的花型设计一部分由公司自己的花型设计部门原创,一部分是通过外包的形式,由几个主要的国内外一流花型设计机构完成。如此,汇明提花可以优化和花型设计机构的合作形式,提高花型开发效率,降低花型研发的前期投入,把与设计机构的结算方式改为设计费加产品提成的方式,这样就可以使得设计机构更加关注产品的市场转化率,进而增强创意设计积极性。

合作过程中,双方共同搭建协同开发团队,让花型设计与织物组织设计并行,缩短开发时间,提升花型设计的市场转化率。在以往的产品开发中,花型设计师根据潮流趋势,提出图案设计方案,在与汇明提花的设计和销售团队进行交流后确定方案。因为提花的图案设计相对于印花更加复杂,有些图案在印花产品中可以实现或者获得好的效果,但是在提花产品中,受限于原材料、织造工艺,无法生成,或者达不到好的效果。如今,在协同团队中,有花型设计师、织物组织设计师以及销售人员、织造工艺师,他们会在花型设计初期就给出参考意见,从而减少了修改设计的时间。以往,花型设计机构的参与在花型绘制完成时即结束,不对产品的最终呈现效果负责。在现有策略联盟下,花型设计机构的参与直到产品最终试制成功才会结束,在试制和纱线颜色确认环节还会给出专业意见,以保证产品的最终效果达到最初设计的要求。

（三）与同行企业合作开发新产品

汇明提花虽然拥有较高的提花织造工艺水平、丰富的提花生产和设计的组织经验,但技术优势比较单一。面对当下国内市场对于差异化纤维和天然材质的需求,缺乏原材料资源和印染后整理的组织经验。由此,可以在同行企业中,寻找在原材料或者印染后整理方面有着丰富资源和组织经验的企业,通过联合开发或者策略联盟的方式进行合作。对于同行企业的选择,应遵循以下原则。

第一,有一定的合作基础。从合作企业中选择联盟对象,双方具备一定的信任基础,在报价和利益分享上更容易达成一致。同时,双方团队有过合作经历,更有利于促进联盟成功。汇明提花在 20 多年的发展历程中,积累了大量客户和供应商资源,联盟对象的选择具备良好和广泛的基础。

第二,有相同的研发理念。要充分考虑企业之间价值观和信念的相似性,以确保在研发中在成本控制、品质管控等方面能够达成一致。

第三,必须有互补的资源。战略合作的目的是加强企业自身的优势,联盟企业必须有可以和汇明提花形成互补的资源。汇明提花拥有 20 多年的提花产品研发和织造经验,但是在真丝、羊毛、涤纶差异化纤维等原材料,以及其相应的后整技术方面缺乏资源和经验。因此,对方必须在这些相关领域有着突出优势。选择联盟企业,只有注重互补性,才能最大限度地提升创新能力。所以,在筛选联盟对象的时候,需要对其所经营的细分产品市场有深度的调查研究。

基于以上原则,对于合作对象,在市场匹配度、资源匹配度、企业文化匹配度等方面进行评估,根据评估结果决定是否进行联盟。

从选择合作对象到进行商谈,达成共识,进入具体合作,是一个漫长的过程。建立有保障性的联盟运行机制,对联盟能否成功至关重要。通过协议或者备忘录等形式,确立合作方式以及利益分配方式,是确保联盟、合作的公平性和可持续性的关键。

第一,由合作企业提供原材料,汇明提花负责织造工艺设计,完成织造后,交由对方公司的研发团队进行后整设计的开发试制,双方共同推进提花面料产品研发。

第二,对于研发成功的面料,双方共同拥有推广的权利,且共同确定最终销售价格。

第三,双方各自承担各自成本,以成本价计入项目,按照双方认可的比例分享销售利润。也就是说,通过汇明提花完成销售的产品产生的利润在扣除费用后,双方以彼此都认可的比例分享利益,这对联盟企业实现的销售同样适用。

联盟运行过程中的财务监督和公开透明也是决定联盟能否成功运行的关键，双方企业都有义务认真履行相关条约。

价值链上下游的企业，在以往的合作模式中，仅仅以订单合同进行保障，缺乏长久的合作机制，每一方都想实现利润最大化，有技术或者资源优势的上游企业往往比较强势，有较强的议价能力，使得下游企业在产品开发或者销售中难以建立成本优势。在网络化创新理念中，联盟机制的建立为企业间的合作提供了坚实保障，促进了共同投入、优势互补、资源共享和利益共享，使得合作更具备可持续性。

（四）与高校共同开发新产品

高校作为基础科研的主力军，是企业获得外部知识来源的重要途径。高校有强大的科研实力，而企业往往具有丰富的生产经验和敏锐的市场嗅觉，高校和企业进行合作，既可以有效满足企业对技术的需求，又可以让高校获得相应的科研经费，推动科技成果转化，让学校培养的人才更能满足社会和企业的需求。近年来，汇明提花所在地的市政府正在大力推进产学研平台搭建，推出了各项税收优惠和补贴政策，旨在促进企业和学校之间的合作。例如，凡是学校和企业合作开发的产品被认定为市级新产品的，可以获得相应补贴，以鼓励企业进行创新。

通过与高校合作，企业可获取最新技术的信息，为新产品开发提供外部的理论和技术支持。2017年12月，汇明提花与浙江理工大学纺织丝绸学院正式签约，共建国家级工程实践教育中心，为学生提供实习机会，而学校在其产品研发和人才培养上提供智囊服务。2018年10月，双方就2020年春夏的产品开发签订了合作协议。

四、奋蹄扬鞭正当时

从2017年7月开始，汇明提花通过网络化创新，新增真丝、羊毛、铜氨丝、醋酸丝等产品线。在 2018 年春夏的新产品中，新创产品品类占比达到 80%，客户选样命中率大幅提高，截至 2018 年底，新产品市场转化率从原来的低于 7% 提高到 10%。

汇明提花的网络化创新给广大传统中小型制造企业转型发展带来了福音。根据技术 S 形曲线，对建基于长生命周期技术的传统产业而言，尽管企业的技术能力得到了长期积累与提升，但这类技术已经走到了技术 S 形曲线的末端，发展潜力不大，单纯通过对成熟技术的挖掘或降低成本不再能满足企业的发展需求。企业及产品的发展轨迹，并不是一条平滑上升的曲线，而是呈现多个 S 形跳跃。一些卓越的企业能够在业绩下滑前及时跳入下一个 S 形曲线，寻找到并抓住新的增长点。这就要求企业必须能发展出新技术、新产品，因为它们往往具有巨大的发展潜力。而发展新技术、新产品是一个量变与质变并存的多维过程，是一个从原有技术体系向新技术体系"学习"，到新、旧技术体系相互竞争和"理解"的非线性过程，亦是一个打破原有技术平衡态进而形成新的技术平衡态的非均衡过程，这会给企业的观念、组织、能力带来方方面面的冲击。需要强调的是，传统所理解的那种封闭的、埋头苦干的、自力更生的线性创新过程往往没有出路，只是对旧的技术系统的一种强化。

汇明提花作为网络化创新的成功样本，给广大传统中小型企业破局指明了一条道路：未来在创新模式上要更加注重开放并拥抱变革，在创新过程中要更加注重由传统的线性创新模式向系统集成及网络创新模式转变，从低成本产品，开发向产品改进、产品线补充，以及全新产品开发转变，这样才能实现质变，迎接新产品开发中的不确定性带来的挑战，赢得持续竞争优势，保持卓越绩效。

对于汇明提花的钱道敏而言，她还有更大的雄心，要成立研发中心，把每一个细分品类做精、做深。她坚信，要让专业的人做专业的事情，她要做 1 米宽、100 米深、1 万米"精"的商业模式。正是凭着这一股"牛劲儿",钱道敏带领汇明提花确定了下一个 10 年的发展方向,这是公司又一次自我挑战和转型。任重而道远,但她信心满满,她要带领汇明提花成为全国领先的提花面料品牌,让所有用提花面料的企业都知道汇明提花,让汇明提花的品牌标识作为原材料品牌出现在衣服上。

第九章　山下湖珍珠产业的包容性创新[①]

山下湖原是诸暨一个名不见经传的小镇，现在却是尽享盛誉的"珍珠之乡"。本章描述了山下湖在种种挑战、重重危机中把握机遇，最终在地方政府和市场的共同作用下，实现从单纯的珍珠养殖业到形成珍珠产业链，最终完成转型升级的完美蜕变历程。这一历程既是山下湖珍珠产业的发展史，也反映了浙江产业集群成长的典型路径。通过具体讲述山下湖珍珠产业从无到有，从小到大，逐渐成长为全球最大的淡水珍珠养殖、加工和贸易中心的过程，可加深我们对浙江产业集群发展的了解和对经济发展规律的认识。

珍珠产业是我国的传统产业，具有悠久历史。史料记载，早在 13 世纪，我国就已经有了人工养殖的佛像珍珠。20 世纪 60 年代初，淡水珍珠养殖首次试验成功，成为我国淡水珍珠产业发展的起点。经过几十年的不断发展，目前我国已经成为世界淡水珍珠的生产大国，淡水珍珠养殖的总量达到世界产量的 90％左右，珍珠贸易总额占世界珍珠贸易总额的 20％。

纵观我国珍珠产业的发展历程，从珍珠养殖试验首次成功到在曲

---

① 本章作者为邱元、叶春辉、黄河啸。

折中不断前进,大致经历了以下发展阶段。

1979年以前,珍珠养殖试验和实践在全国各地如火如荼地展开。这一阶段正处于我国计划经济时期,所有产业发展都由政府职能部门统筹规划,珍珠产业也不例外。因为不懂技术,也没有任何的相关经验,珍珠产业在不断碰壁和失败中向前发展。

20世纪80年代初到1992年,统一经营制度全面放开,这一时期是我国淡水珍珠小规模养殖迅猛发展的阶段。80年代初,在"改革开放、发展经济"的政策指引下,由于珍珠市场需求大、效益高,江浙一带农民养殖淡水珍珠的热情高涨,产量增长迅速,我国出现了第一个专业珍珠交易市场。1986年,国家出台了归口经营政策,淡水珍珠生产销售实行许可证制度,各地珍珠交易场所被先后取缔。1989年,国家重新制定珍珠产业政策,允许流通过程中有限制的开放。1992年,珍珠统一经营制度全面放开,珍珠产业重新进入快速发展期。

1992年到20世纪末,在经历了产量骤增后,1995年由于供过于求以及高密度养殖导致蚌病暴发,整个产业陷入低迷。其间,经过发展思路的转变,珍珠产业一度出现高潮,但受亚洲金融危机以及国际战事影响,2000年,珍珠市场再度萎缩。在这场"物竞天择"的竞争中,一批大的企业在并不成熟的市场经济大浪潮中逐渐成长起来,并在市场上占据主导地位。

进入21世纪后,我国淡水珍珠虽然产量大但其独特的"农副产品箩筐经济"让许多龙头珍珠企业意识到,传统单一的养殖、加工和销售模式已经无法满足市场和企业自身的利益诉求。因此,增加珍珠附加值,做好产业转型升级,增强珍珠品牌的国际竞争力迫在眉睫。从此,我国珍珠产业逐步开始转型升级,各地政府也积极助推珍珠产业转型升级。

被誉为"珍珠之乡"的山下湖无疑是我国珍珠产业发展中最为耀眼的一颗明珠。山下湖地处诸暨东北部,处于长三角经济区内,位于浙江杭、甬、温三个经济中心的接合部以及诸暨、绍兴、萧山"经济金三角"的中心。珍珠并非山下湖的特产,珍珠养殖也非当地独有的技能,但是凭借着优越的地理位置、发达的交通信息以及有效的市场调节,在当地人民的辛勤努力和地方政府的有力领导下,山下湖已经发展成为诸暨极具特色的旅游胜地,同时也是全球最大的淡水珍珠养殖、加工、贸易中心。素有"珍珠之乡"和"中国珍珠之都"美誉的山下湖,总面积为42.56平方千米。2009年,全镇总人口为2.89万人,其中农村人口近2.82万人(如表9-1所示),珍珠养殖户有3000余户,珍珠从业人员有1.5万人;全镇全年实现GDP共计19.62亿元,工农业总产值为63.20亿元,其中珍珠产值为41.00亿元,占全镇工业总产值的68%。全镇珍珠总产量达1500吨,占中国珍珠总产量的80%、世界淡水珍珠产量的73%,全镇珍珠全年出口总额达到1.8亿美元。

表 9-1　山下湖的人口情况

单位:人

项目	1995 年	2000 年	2005 年	2009 年
总人口	28439	28652	28376	28912
城镇人口	526	618	729	743
农村人口	27913	28034	27647	28169

资料来源:作者调研。

　　珍珠产业的发展让山下湖焕发出耀眼的光彩,珍珠的"美丽经济"也让山下湖人实现了勤劳致富的梦想。在珍珠养殖还处于起步发展阶段的时候,山下湖农民人均纯收入仅为全国的1.4倍,而2009年,农民人均纯收入达23113元,是全国农村居民纯收入的4.5倍。山下湖经济的腾飞要归功于珍珠产业的蓬勃发展。

一、"珍珠教父"引发的珍珠传奇

　　2012年10月30日,位于山下湖的华东国际珠宝城彩旗飘扬、宾客云集,来自全国和世界各地的上千名嘉宾、外商以及来自新华社、《人民日报》等多家国内知名媒体的媒体人齐聚于此,共同见证中国·诸暨第五届西施文化节暨第八届中国(国际)珍珠节的盛大开幕。西施文化节、珍珠节无疑是诸暨文化软实力和经济硬实力最好的名片,山下湖也俨然成了中国珍珠的代名词。然而,40多年前,山下湖还只是一个名不见经传的小镇,珍珠也与山下湖没有任何交集,凋敝的乡村经济和封闭的农村社会让这个小镇的未来充满了未知和挑战……

从一个落后的小镇蜕变成全球最大的淡水珍珠养殖、加工、贸易中心,山下湖走过了怎样的历史岁月?这一切还要从"珍珠教父"何木根说起。

1969年一个偶然的机会,家住山下湖的农民何木根外出探亲时首次得知捞河蚌也能够赚钱,因为捞起的河蚌能够育出珍珠并且价格不菲。于是何木根便辗转外地学习捞蚌和珍珠接种技术。学成之后,他在自家周围的湖里围起一片"珍珠地"开始了珍珠养殖。虽然其间经历了数次失败,但是功夫不负有心人,1973年,他成功育出的1.2斤珍珠卖出了497元的大价钱。尝到珍珠养殖甜头的何木根并没有独享成功的果实,他想带领附近村民一起致富。要带动村民一起养殖珍珠,技术有了,但资金的问题却让他犯难。正犯难之际,他灵机一动,向信用社贷款或许可以解决资金问题。于是,何木根找到时任诸暨市姚江区信用社主任的边延林商量,由边延林所在的信用社向附近的三个村贷款,而他则负责向村民传授珍珠养殖技术。通过何木根的不懈努力,珍珠养殖不仅让他自己,也让附近三个村都收获了孕育在河蚌中的财富,其中收入最多的村一次卖珍珠的收入最高达到8000多元,这在当时可是笔不小的财富。1980年10月,何木根和村民合伙养殖的珍珠卖出了2.8万元的天价,在当地又一次引起轰动。全镇其他村的村民再也按捺不住内心的冲动,纷纷放下手中的农活开始养殖珍珠。何木根被当地农民亲切地称为"珍珠教父",山下湖的珍珠传奇也由此拉开序幕。

二、山下湖珍珠产业的历史变迁

在我国淡水珍珠产业于艰难中曲折前进的大背景下,山下湖也在一次又一次的阵痛中不断克服困难和危机、把握机遇,逐步成长为世界知名的珍珠产地和交易中心。

(一)珍珠市场初具雏形

自从何木根养殖的珍珠卖出天价之后,在第一代养珠人的积极带动下,山下湖珍珠养殖农户便如雨后春笋般涌现出来,珍珠养殖也成了山下湖人人皆知的"秘密"。大量珍珠养殖出来后,珠农们便遇到了难事,原有的医药市场和外贸销售渠道已经饱和,珍珠难卖的问题让当地珠农不知所措。当时,诸暨西江乡广山村的詹仲华也遇到了销售难问题,但这一问题随着1984年苏州渭塘全国第一个专业珍珠交易市场的成立迎刃而解,詹仲华和村民们不断往返于山下湖和渭塘进行珍珠交易。时间久了,詹仲华看着大量珠农如此两地奔波,不仅浪费时间,来回路费加上缴纳的市场管理费等也是一笔不小的开支,于是他便萌生了在自家门口建立珍珠交易市场的想法。说干就干,1985年,詹仲华迅速向珠农募集4000元资金,建成了山下湖第一代珍珠交易市场——广山珍珠交易市场。当时的市场极其简陋,摆一张桌子便是一个摊位,市场总共有50个摊位。然而,简陋的交易环境并没有影响大家买卖珍珠的热情,山下湖的珍珠交易便在这个市场中红红火火地展开了。但好景不长,1986年7月,国务院发布文件称珍珠经营权必须归属国有,全国所有的私营珍珠交易市场很快都被关闭,广山珍珠交易市场也没能幸免。

(二)与全国珍珠产业对接

市场关闭了,山下湖又陷入了一片萧条、沉寂。珍珠养殖在当时已经成了绝大多数村民的主要营生,为了走出困境,部分大胆的村民开始"铤而走险",进行"地下珍珠交易",原本在一旁焦急观望的珠农见没有特别严重的后果便也都纷纷加入。但"地下珍珠交易"并不能从根本上解决问题,无序交易的结果是,珠农被骗、被罚没的事件屡见不鲜,许多珠农还因此倾家荡产。珠农对珍珠交易市场的需求与"地下珍珠交易"的混乱,当地政府看在眼里、急在心里。为解决这一问题,时任乡农科站站长的何桥江受命在当地筹建一个农贸市场,但政府不提供任何资金。于是,何桥江只好到处走访养殖户,向他们筹集资金。1987年,一个由养殖户筹钱建成的农副产品交易市场正式开业,这一市场虽然名义上是农贸市场,但其实做的是珍珠交易。当时市场里只有20多个摊位,市场工作人员的工资没有政府保障,只能靠市场运营来维持。但由于市场真正解决了困扰珠农和珠商的珍珠交易难题,很多其他地方的珠农和珠商也慕名而来。由此,这个市场进入快速发展阶段,1989年底,市场上的摊位达到360个,珍珠交易量高达350吨,成了全国最大的珍珠集散地之一。

(三)在曲折中向前发展

随着市场经济不断深入和发展,山下湖的珍珠产业发展迅速,珍珠产量也连年增长,原有的农贸市场已无法满足珍珠贸易需求。1989年5月,经上级政府批准,山下湖政府联手诸暨市工商局投资53万元,新建了占地2700平方米、拥有686个摊位的西江珍珠市场。该市场于1990年1月正式开放,年成交额达到1.4亿元。然而,1990年前后,出于养殖密度过大、养殖技术落后、产品同质化严重以及珍珠产业一直徘徊于产业链最低端等原因,山下湖珍珠产业一度步入低谷。为走出低谷,部分有远见的珠农开始潜心研究珍珠养殖技术,地方政府也积极加强湖面改造,聘请专家对珠农进行养殖技术培训。

经历发展思路的转变后,山下湖珍珠产业逐步走出低谷。1992

年，国家对珍珠交易市场全面放开，诸暨和山下湖政府敏锐地觉察到了这一良好契机，谋划着借国家政策的东风再助山下湖珍珠产业一臂之力，于是新一代珍珠交易市场——诸暨珍珠市场于 1992 年 8 月隆重开业，该市场占地 1.1 万平方米，内设水磨石板固定摊位 1134 个。与以往的市场不同，这一市场不仅注重规模的扩大，政府部门还规划完善了相应的配套设施，市场四周通信、金融、饮食、服装等行业一应俱全，工商、税务、公安等管理服务体系也十分齐全。为了促进珍珠产业更好发展，解决企业对珍珠品质的后顾之忧，政府在市场内资助建立了淡水珍珠研究所，专门从事育珠、珍珠加工的研究，并将成果在珠农中推广应用。

1993 年是山下湖珍珠产业发展的新起点，在秦皇岛塑料项链的启发下，老百姓开始大量串缀珍珠项链，短短 1 年间，市场内售卖珍珠项链的摊位从 23 个猛增至 113 个。随着珍珠工艺品在国外市场畅销，山下湖的珍珠加工企业也发展迅速。自此，一条"珍珠养殖—获取挑选—漂白—珍珠产品加工"的产业链在山下湖初步成形。

创新的背后似乎总是暗藏危机。1994 年 5 月，市场上出现了一批罕见的新品种珍珠，刚上市时价格为 3000 元/斤，一星期后飙升至 1.5 万元/斤，原来一批海外商人为了瓜分这批珍珠，故意抬高价格，地方政府得到此消息后立即对当事人进行了处分并出台了相关反垄断措施。

1995 年前后，因为无序的市场竞争、投机主义以及市场监管乏力等因素，大量劣质珍珠以次充好，充斥于市场。同时，由于部分不法商人和企业追求眼前利益，盲目扩张珍珠养殖规模并缩短珍珠养殖周期，造成珍珠养殖环境全面恶化，蚌病暴发，珍珠品质急剧下降。面对这一局面，地方政府在加强监管的同时，积极加大投入。1998 年，地方政府投资 620 万元，对内湖渠系和排灌设备进行改造，保证水源畅通、水质净化，蚌的死亡率相比往年大幅下降，珠蚌成珠率达 10%。

土地是珍珠养殖必不可少的资源,在人均只有 1 亩多地的山下湖,土地可谓寸土寸金。1998 年,全国农村全面展开了土地二轮承包,这里的乡镇偷偷搞起了"两田制",农民人均分到 5 分地作为口粮田,其余地由村集体公开对外发包,所得承包费除兴办公共事业外,全部分给村民。受亚洲金融危机影响,珍珠需求骤减,囤积珍珠的商人大笔抛售,导致 1999 年珍珠价格大跌。珠商手中的货物急剧贬值,同时大量应收账款无法收回,原本靠信任维持的民间借款关系遇到严峻考验。三个欠珠农货款的珠商沉不住气,便趁人不留意悄悄溜了,企图逃避责任。于是便出现了小部分珠农货款无法收回,大部分珠农珍珠卖不出去,珠农生活遭遇困难的紧张局面。就在这时,一个叫何小法的当地企业家慷慨地站了出来,他筹集了近 10 亿元资金,只要珠农找上门来,一律现货现结,不赊不欠,让许多差点血本无归的珠农顺利度过危机。危机来临时,地方政府也积极发挥作用,对 600 名经营户进行重新登记,严厉打击伪劣产品以及强买强卖、场外交易等行为。

(四)迈入发展快车道

2000 年起,随着国际淡水珍珠价格持续攀升,积蓄了多年力量的山下湖珍珠产业终于一飞冲天。为进一步满足市场发展需要,推动山下湖珍珠产业再上一个新台阶,在市政府的大力支持下,山下湖又易址新建了一个外形如珠蚌、中间镶嵌着一枚晶莹圆润的"珍珠"、通身透着强烈现代美感的珍珠市场。该市场于 2000 年 11 月正式建成,占地 50 亩,内设 100 间精品房和 1000 个固定摊位,可容纳 5000 人同时进行交易,年交易量达 640 吨,年交易额超过 12 亿元,是名副其实的全国最大的珍珠产品交易中心。2000 年后,山下湖的珍珠企业数量激增,登记在册的珍珠企业逐年递增(如图 9-1 所示),同时各个规模层次的珍珠企业数量均有增加(如表 9-2 所示),珍珠产业步入企业化发展阶段。

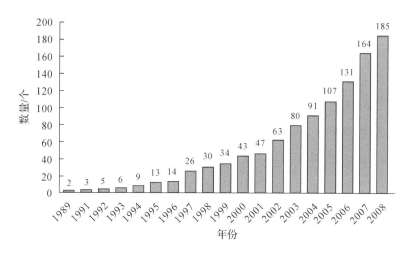

图 9-1　山下湖登记在册的珍珠企业数量

资料来源:作者调研。

表 9-2　山下湖各种规模的珍珠企业数量

单位:个

年份	微型企业(1—8 人)	小型企业(8—50 人)	中型企业(50—99 人)	大型企业(100 人以上)	总计
1995	605	287	5	2	899
2000	874	859	18	5	1756
2005	1436	981	30	12	2459
2009	2042	1327	39	17	3425

资料来源:作者调研。

　　2001 年,浙江省珍珠特色加工园区的启动,更进一步推动了山下湖珍珠产业的发展。依托园区建设,山下湖珍珠加工业涌现出了山下湖珍珠集团、阮仕集团、佳丽公司等一批龙头骨干企业。这些企业纷纷投资建立科研机构,提升珍珠质量,研发推广漂白、抛光等加工技术,助推产业升级,把贵重金属与珍珠相结合,提高产品附加值,并积极推广示范相关技术,帮助园区内其他企业提升珍珠质量。

　　2008 年 4 月,华东国际珠宝城一期市场剪彩营业,这是一个集珍珠、宝石、玉石、玛瑙、翡翠等于一体的，多品种、多功能、多方位，适合现代市场竞争需要的超大市场。该市场是 2006 年 4 月，山下湖镇政府在每年损失 2000 多万元租金的前提下，引进山下湖、佳丽、阮仕、三水、天使之泪等 5 家珍珠企业以及香港民生集团等企业，联合投资 30 亿元打造的占地 1800 亩、拥有逾 5000 个专业铺位的国际珠宝市场。为充分发挥市场优势，政府积极引进钻石、宝石、玉石、K 金等珠宝产业中的其他门类。随着项目进驻，各类设计人才也被大量引进。当然，除了千方百计"引进来"，也大力鼓励"走出去"。诸暨市委、市政府出台了一系列政策，扶持企业在国外设立分公司、争创国际品牌，并通过财政奖励等办法，扶持企业做大做强。企业和产业的嫁接，使得珍珠产业焕发新生，国际先进市场管理运营机制的引进也让珍珠产业如虎添翼。

三、于危机中转型升级

（一）金融危机来袭

2008 年 9 月，一场前所未有的金融危机波及全球，山下湖的珍珠产业也未能幸免，遭遇了前所未有的冲击。由于一直未能突破没有自主品牌、以代工为主、缺乏议价权的产业瓶颈，金融危机爆发后，山下湖原珠收购价格一度跌破养殖成本，珠农含泪贱卖珍珠，原珠收购价格最低时跌到平均养殖成本的 60% 左右，不少珍珠养殖户选择了抛售。这当然是由于全球性的消费趋紧，对珍珠的需求大量减少，但更深层的危机则来自产业自身。2000 年以来，山下湖珍珠养殖的面积急剧扩张，在金融危机之前，山下湖珍珠在外养殖面积接近 40 万亩（如表 9-3 所示）。在全国各地水域的攻城略地，让山下湖在成为绝对的全球淡水珍珠产量第一的同时，也为供过于求，最终酿成危机埋下了伏笔。

表 9-3　山下湖的珍珠养殖面积

单位:万亩

年份	市内珍珠养殖面积	省内珍珠养殖面积	省外珍珠养殖面积	珍珠养殖总面积
2000	3	12	15	30
2005	5	15	20	40
2009	4	17	14	35

资料来源:作者调研。

(二)珍珠粉事件

2010 年 9 月 19 日晚间,中央电视台《每周质量报告》节目披露:山下湖存在大量珍珠粉加工企业以贝壳粉假冒珍珠粉在市场上销售,部分大型珍珠企业还以"纳米珍珠粉"为噱头进行虚假宣传,误导消费者。10 年前的山下湖,收拣过珍珠的贝壳一般都用来加工纽扣或饲料,贝壳的售价为每吨几百元。近年来,不少不法企业和个人看到了贝壳的"新商机",他们用具有强腐蚀性的工业用氢氧化钠药水清洗漂白又脏又黑的贝壳,晾干后通过专门的机器粉碎成洁白细腻的粉末——"珍珠粉",同真正的珍珠粉真假难辨。脏贝壳摇身一变成了既可食用又可美容的"珍珠粉",身价自然大涨。根据颗粒的细度,"珍珠粉"分为不同型号等级,最高每吨出厂价可达 2800 元。"纳米珍珠粉"是部分大企业为了更好地抢占高端市场,借用纳米这一概念进行的炒作。由于"纳米珍珠粉"尚未形成标准,企业便钻了空子,虽然生产的"珍珠粉"有 7% 不符合纳米标准,企业还是以"纳米珍珠粉"之名在市场上进行虚假宣传,欺骗消费者。事实上,"纳米珍珠粉"并不完全符合纳米级标准是企业心知肚明的事,以贝壳粉假冒珍珠粉在山下湖更是人尽皆知。但是在利益的驱动下,不少企业铤而走险,当地政府等也因珍珠产业关乎地方经济命脉而对此盲目包庇。

此次事件使整个珍珠深加工行业陷入漩涡,山下湖珍珠产业也遭受严重打击。从 2010 年 9 月 19 日到 12 月,山下湖珍珠交易全面萎缩,珍珠粉销售也因消费者对"珍珠粉"的恐慌而出现停滞。这是山下湖珍珠产业近 20 年来遭受的最大打击,直接经济损失达上亿元。

(三)政企合力直面危机

危机并不可怕,可怕的是面对危机不找缘由、不想办法。山下湖珍珠产业遭遇的两次重大危机都是因为市场失灵。全球金融危机造成的影响是狭义市场失灵和广义市场失灵共同作用的结果;假冒伪劣珍珠粉事件是狭义市场失灵造成的。由此,政府发挥"看得见的手"的作用——校正市场。面对突如其来的金融海啸以及产业不良发展造成的产业危机,地方政府科学分析,积极救市;各大珍珠企业也大刀阔斧,全面改进。

为解决金融危机造成的市场急剧萎缩、珍珠囤积、企业资金紧张等问题,在山下湖镇政府的支持下,浙江佳丽珍珠首饰有限公司、浙江星宝珍珠首饰有限公司和诸暨市山下湖镇集体资产经营公司共同出资 1000 万元成立诸暨市金桥仓储有限公司(以下简称仓储公司),并与绍兴市商业银行签署银企合作合同。资金短缺的企业可将珍珠存放到仓储公司,由仓储公司评估后向货主出具仓单,货主根据仓单向银行办理质押贷款,银行按一定比例发放贷款。用存货换贷款这种在珍珠发展历史上不曾出现过的神话,在山下湖却成为现实。珍珠粉行业存在的问题暴露后,诸暨市立即组建了分别由药监、卫生、质监、工商部门牵头的四个检查小组,对全市的珍珠粉生产、经营企业和贝壳粉生产企业展开全面检查和严肃整顿。同时,为尽快从技术上实现对珍珠粉与贝壳粉的甄别,诸暨市政府要求相关机构抓紧采购从荷兰进口的 X 射线衍射仪等先进仪器设备,进一步提高珍珠粉检验检测水平。此外,山下湖镇政府还积极与上级有关单位联系,力争尽快出台珍珠粉国家、地方标准和技术规范，以此来规范企业的生产行为，强化部门执法依据，规范珍珠粉生产经营准入条件。除了在危机来临时直面危机，山下湖镇政府还立足长远，试图从根源处解决这两次重大危机暴露的问题。2009年以来，为解决珍珠养殖的质量和管理等问题，珍珠由农户散养转变为企业规模化养殖；诸暨珍珠产业技术创新服务平台也在这一时期推出；诸暨市政府还委托上海社会科学院创意产业研究中心开展"诸暨珍珠产业文化创意发展规划课题"调研项目，试图激发市场活力，大力推进产业转型升级。

两次危机的重创，让不少珍珠企业遭受损失的同时也陷入了沉思。它们意识到，珍珠企业的发展离不开整个产业的健康发展，而珍珠企业要长远发展，必须进行全面改革。以山下湖珍珠集团为代表的珍珠企业，一方面积极配合政府的各项调控和检查，另一方面也借助政府提供的良好环境进行大刀阔斧的改革，主要体现在以下方面：第一，积极配合地方政府完成行业标准的制定；第二，翻新原有的厂房、车间和办公楼，引入先进的机器设备与现代化的生产工艺和流程；第三，进行组织机构的调整和改革，引入先进技工及管理人才，强化员工培训和专业化生产；第四，着力提升产品品质，强化产品质量控制，使产品符合相关规定甚至高于规定；第五，加大研发投入力度，升级珍珠养殖和加工技术，并不断开发新产品；第六，树立品牌，拓宽销售渠道等。

政府和企业的这些举措（如表9-4所示）不仅挽救了身处重重危机的山下湖珍珠产业，更极大地激发了市场活力，促进了珍珠产业链的横向拓宽和纵向延伸，大力推动了珍珠产业全面转型和升级。

表 9-4　地方政府在珍珠产业发展过程中的作用

政府作用	具体表现
提供公共物品与基础设施	五代珍珠市场的建立(除第一代珠农自发建起的市场外),在珍珠市场内建立配套基础设施并完善管理服务体系,兴办公共事业,改造内湖渠系和排灌设备,建立浙江省珍珠特色产业园区,成立仓储公司帮助企业解决资金问题,推出诸暨珍珠产业技术创新服务平台,委托开展"诸暨珍珠产业文化创意发展规划课题"调研项目,引进人才等
应对外部性问题	对珠农进行养殖技术培训,解决污染问题并加强湖面改造,建立淡水珍珠研究所并将育珠和加工等技术在珠农中推广
解决信息不对称问题	登记商户,打击假冒伪劣产品,大力惩处珍珠粉事件中的问题企业,进口检测珍珠粉的设备,对珍珠粉从生产到销售实行全流程监控
遏制垄断	惩处恶意抬高珠价的珠商,打击强买强卖行为
制定公共政策	出台反垄断举措,出台鼓励企业"走出去"并扶持企业做大做强的政策,出台促进珍珠粉行业健康发展的相关意见,实行珍珠粉经营企业索证索票和亮照亮证制度,建立进销货台账记录
其他	珍珠经营权收归国有后对山下湖珍珠交易"睁一只眼闭一只眼",推动农贸市场建立并对受管制的珍珠交易无为而治,实行"两田制"为日后建立国际化珍珠市场保障了土地供给,举办珍珠节

四、以史为鉴,砥砺前行

全球金融危机和珍珠粉事件对山下湖珍珠产业的发展造成了严重影响,给其带来前所未有的冲击,也为山下湖珍珠产业的发展烙下了不可磨灭的印记。回首山下湖珍珠产业走过的历程(如表 9-5 所示),在市场这只"无形的手"的作用下,每一个重要节点,都有人或组织点燃行业发展的热情,驱动山下湖珍珠产业向前迈进。比如:何木根带动村民养殖珍珠,免费向他们传授技术,并联系信用社贷款解决珠农资金问题;詹仲华带动珠农募集资金,建起第一代珍珠交易市场;在政府推动下,部分珠农筹资建起第二代珍珠交易市场;珍珠项链受欢迎后,市场内出现大量串珍珠项链的摊位,促进珍珠加工企业的发展和产业链的形成;以何小法为代表的早一辈山下湖企业家自己出资积极救市;全球金融危机时,3 家企业共同出资帮助解决珠农珍珠囤积、资金缺乏的问题;以龙头企业为代表的企业,积极投身于养殖和加工技术的研发以及交易市场的兴建和改造,帮助和引导小企业发展。

表 9-5　山下湖珍珠产业发展阶段及其特点

发展阶段	时期	发展特点
珍珠养殖萌芽与初步发展阶段	20 世纪 70 年代初到 80 年代	养殖技术探索、产业萌芽;大户带动养殖;资金短缺;需求有限;供给不多;大户带动建立专业市场
小规模养殖迅速发展阶段	20 世纪 80 年代到 90 年代初	产业初步发展;需求增加;供给增长;国家管制;地下交易;地方政府建市场
企业化发展阶段	20 世纪 90 年代到 21 世纪初	产业企业化;国家政策放开;原珠市场饱和;严重供大于求;深加工市场发展;全球金融危机;逐步规范市场;产品品质提升;完善配套设施建设;二建新市场
产业化发展与转型升级阶段	进入 21 世纪后	产业化转型与升级;二易市场;二遇危机;供给减少;市场容量扩大;行业门槛提高;加工、贸易深化;市场进一步规范;完善服务平台建设;完善配套设施建设;创意化、品牌化发展;企业全面改革

当然,山下湖珍珠产业的蜕变也给其他产业发展带来了启示。第一,地方政府和市场在产业的发展中都起着至关重要的作用,但正如市场会失灵一样,政府出于灵活性欠缺以及有限理性等原因也会出现失灵。政府和市场都不是万能的,在现实状况下,只有充分发挥市场和政府的联合作用才能真正实现经济的有效增长和持续发展。第二,政府和市场之间的互动在经济发展中必然会呈现出从政府强制干预到逐渐淡出市场,最终由市场主导发展的过程。第三,产业的发展是有规律可循的。第四,一个产业的成功有其共性也有其特性,要把成功的规律与具体实际结合起来,不可盲目模仿。第五,要善于在危难中化危为机,不断发现机遇、寻找机遇、创造机遇。第六,任何违背经济规律或试图欺骗消费者、欺骗社会的行为都会自食恶果。

一路走来,山下湖珍珠产业虽坎坷不断,但每一次都有机会,每一次都在成长,每一次成长背后都离不开珍珠企业、地方政府以及其他各方的智慧和努力。透过山下湖珍珠产业,我们看到了中国先进经济体——浙江经济的过去和现在,我们有理由相信,随着珍珠产业的不断完善和发展以及政府职能更有效的履行,山下湖珍珠产业的明天一定会更加美好。

拓展阅读

包容性创新

当前,各国学者对包容性创新的概念界定不尽相同:从本质看,包容性创新是通过创新实现包容性增长的过程;从主体看,包容性创新是企业等传统创新主体和BOP(bottom of pyramid,金字塔底层,指处于全球经济金字塔底层的低收入群体)的价值共创与分享;从类型看,包容性创新包含产品、服务、流程、制度、商业模式、供应链等多种形式的创新;从要素看,包容性创新包括参与创新的人、创新活动的类型、获取的结果范围、创新的治理机制等四个维度;从层级看,包容性创新包含意图、消费、影响、过程、结构、后结构等六个梯度;从结果看,包容性创新是开发与实施新思想,为BOP创造机会以提升其经济和社会福利。学者们普遍认为,制度、能力、资源是包容性创新的关键因素,基础设施、交易成本、社会网络、组织因素等也会影响包容性创新。

现有研究认为,包容性创新的典型模式包括:创新平台模式,将所有利益相关者聚集起来解决共同关心的特定问题;草根创新模式,由低收入群体发起的自下而上的创新;集群创新模式,由小微企业集群内的集体学习所推动的创新;节俭式创新模式,最大限度地减少新产品和服务在生产运营过程中的资源消耗、成本和复杂性;"用户—生产者"互动模式,聚焦于生产者和消费者之间的互动学习与创新。Hall et al.(2014)认为,包容性创新的路径包括以下五种:一是从TOP(top of pyramid,金字塔顶层,与BOP相对)

到 BOP 路径,指跨国公司研发新产品以满足 BOP 的消费需求;二是从 TOP 经由 BOP 到 TOP 路径,指将 BOP 视为领先用户以测试潜在的破坏性创新;三是从 BOP 到 TOP 路径,指发展中国家的 BOP 开发新产品在国际市场上出售;四是从 BOP 到 BOP 路径,指 BOP 开发新产品在 BOP 市场上出售;五是从 BOP 经由 BOP 到 TOP 路径,指 BOP 开发新产品从最初满足 BOP 需求转变到最终满足 TOP 需求。

市场作用与市场失灵理论

市场是某种物品或劳务的买者与卖者组成的群体。买者作为一个群体决定了产品或劳务的需求,卖者作为一个群体决定了产品或劳务的供给。当供给与需求相等时,市场达到均衡状态。在完全竞争市场条件下,个人追求自身利益最大化的行动能够有效增进社会福利,实现资源的最优配置,即帕累托最优。帕累托最优是市场的理想状态,一般条件下,市场具有以下功能:调节的灵活性和自动性;激励创新,促进增长;以相对价格反映相对成本;对非均衡的自我纠正和分散权力。

虽然市场有很多优势,但市场会失效。市场失效亦称市场失灵,有广义和狭义之分。广义的市场失灵是指虽然市场本身是有效的,但依然存在市场机制自身无法解决的问题进而导致市场失灵。狭义的市场失灵是指市场本身不能有效配置资源的情况,即市场机制本身对于资源配置是缺乏效率的。根据广义市场失灵和狭义市场失灵的定义,可以将市场失灵分为微观市场失灵和宏观市场失灵。微观市场失灵主要表现为公共物品、外部性、垄断和自然垄断、信息不对称。宏观市场失灵主要表现为分配不公、失业、通货膨胀、经济不稳定。

政府作用与政府失灵理论

一般而言,政府的作用主要体现在以下方面:提供公共物品与基础设施;应对外部性问题;解决信息不对称问题;遏制垄断;制定公共政策;等等。就如同市场失灵一样,政府也会失灵。政府失灵有两方面的原因:一方面,政府不是万能的,在许多事情上心有余而力不足;另一方面,政府作为公共机构的行为目标与组成这一公共机构的个人的行为目标经常是相互冲突的。

政府失灵的主要表现有:没有能力实现其政策目标;反生产性,即干预产生了与意愿相反的结果;不受人喜欢的负效应,一种干预带来了所盼望的结果,但同时不受人喜欢的结果也一起出现了;各种干预之间存在冲突;干预成本过高。

公共物品理论

公共物品有狭义和广义之分。狭义的公共物品是指纯公共物品,即那些既具有非排他性又具有非竞争性的物品。广义的公共物品是指那些具有非排他性或非竞争性的物品,一般包括自然垄断物品、公有资源以及狭义的公共物品三类。

外部性理论

外部性是指未能计入单个生产者或消费者的正常的成本和收益,即由社会来承担本该生产者承担的生产成本,或消费者无须付费就能得到的收益。外部性分为正的外部性和负的外部性。正的外部性是个人、公司由于其他个人、公司的活动而无偿获得的收益。负的外部性是指经济活动施加在其他人身上的成本。

信息不对称和垄断

信息不对称是指参与交易各方所拥有、可影响交易的信息不同。交易过程中的信息不对称会导致交易障碍,发生交易困难,增加交易成本,降低交易效率,从而降低市场机制对资源的配置效率。

垄断是指市场经济中激烈竞争导致的生产要素过度集中的情况。垄断者凭借流通领域里的垄断地位获得高额利润,必然导致生产和技术进步的动因在一定程度上的丧失,造成低效率。

参考文献

[1]陈伯明.分拆上市——国内外不同概念分析和效应研究[J].现代商贸工业,2018(18):53-54.

[2]陈俊,董望.智能财务人才培养与浙江大学的探索[J].财会月刊,2021(14):23-30.

[3]邓建平,曾婧容,饶妙.房地产企业分拆上市的资本逻辑——以碧桂园为例[J].财会月刊,2020(19):156-160.

[4]范轶琳,吴东,黎日荣.包容性创新模式演化——基于淘宝村的纵向案例研究[J].南开管理评论,2021(2):195-203.

[5]欧阳桃花,崔争艳,张迪,等.多层级双元能力的组合促进高科技企业战略转型研究——以联想移动为案例[J].管理评论,2016(1):219-228.

[6]史建军.新浪分拆微博上市的价值创造分析[J].会计之友,2018(21):119-125.

[7]吴晓波.二次创新的进化过程[J].科研管理,1995(2):27-35.

[8]肖爱晶,耿辉建.企业分拆上市的动因及绩效研究[J].财会通讯,2019(11):52-56.

[9]徐宗宇,孙敏,刘耀淞,等.分拆上市对企业集团价值的影响[J].华东经济管理,2022(3):106-118.

[10]Cooper R G,Edgett S J. Product innovation and technology strategy[M]. Charleston:Booksurge Publishing,2009.

[11] Daley M, et al. Corporate focus and value creation: Evidence from spin offs[J]. Journal of Financial Economics,1997(2): 257-281.

[12]Debra J A. Using the capital market as a monitor:Corporate spin-offs in an agency framework[J]. Rand Journal of Economics, 1991(4):505-518.

[13] Dosi G. Technological paradigms and technological trajectories: A suggested interpretation of the determinants and directions of technical change[J]. Research Policy,1982(3):147-162.

[14]Hall J,Matos S V, Martin M J. Innovation pathways at the base of the pyramid:Establishing technological legitimacy through social attributes[J]. Technovation,2014(5-6):284-294.

[15]Nanda V. On the good news in equity carve-out[J]. The Journal of Finance,1991(5):1717-1737.

[16]Nunes P, Breene T. Reinvent your business before it's too late:Watch out for those S curves[J]. Harvard Business Review,2011 (1/2):80-87.

[17]Powers E A. Deciphering the motives for equity carve-outs [J]. Journal of Financial Research,2003(1):31-50.

[18]Robert C, Gregg A J. Corporate focus and stock returns [J]. Journal of Financial Economics,1995(37):67-87.

[19]Rothwell R. External networking and innovation in small and medium-sized manufacturing firms in Europe[J]. Technovation, 1991(2):93-112.

[20] Rothwell R. Towards the fifth-generation innovation

process[J]. International Marketing Review,1994(1):7-31.

[21]Schipper K，Smith A. A comparison of equity carve-outs and seasoned equity offerings：Share price effects and corporate restructuring［J］. Journal of Financial Economics，1986（1-2）：153-186.

[22]Utterback J M，Abernathy W J. A dynamic model of process and product innovation[J]. Omega,1975(6):639-656.

后　记

　　浙江大学管理学院以"培养引领中国发展的健康力量"为使命。本丛书项目从 2024 年 6 月启动，历时半年。在项目执行过程中，感谢浙江大学管理学院院长谢小云、党委书记兼副院长朱原、副院长黄灿、党委副书记潘健等学院领导的指导与支持。感谢浙江大学管理学院教师陈俊、陈学军、董望、黄灿、黄浏英、刘洋、王颂、王世良、王小毅、魏江、邬爱其、徐伟青、许小东、叶春辉、应天煜、张大亮、郑刚、周亚庆、朱茶芬、邹腾剑，学生陈楚楚、何超、黄勤、黄河啸、黄思语、金夏龙、李寄、林锐红、刘国桥、缪沁男、邱元、邱星怡、沙金、尚运娇、沈雪琴、石波、苏钟海、孙旭航、唐婧怡、屠云峰、王丁、王佳、王诗翔、吴琳、吴雨思、杨淦、于娟、余佩瑶、俞成森、张梦、张涵茹、张了丹、张韵竹、赵雪彤、周启璇、朱逗逗、朱庭芝，以及吉利汽车集团财务部高管戴永、西交利物浦大学国际商学院傅瑶、中山大学岭南学院林文丰、欧普照明股份有限公司财务总监王海燕、圣奥集团信息中心 CIO 助理张文文、台州市椒江区经信局副局长郑仁娇、中国计量大学经济与管理学院郑素丽等案例作者的大力支持。

　　感谢浙江大学全球浙商研究院院长魏江的关心和支持，感谢浙江大学管理学院邬爱其、许小东、陈学军等对丛书编写工作的指导，感谢浙江大学管理学院案例工作委员会各位老师的帮助，感谢施杰、徐玲、张胜男的协助,感谢创生文化团队马玥、李晓玲、曾小芮、赵雪梅对丛书完善的支持,感谢浙江大学出版社的编辑。诚挚感谢社会各界对中国企业高质量发展的深切关注,衷心欢迎社会各界群策群力,为培养引领中国发展的健康力量共同努力!

黄英　吴东

2024 年 12 月